（宋）蘇軾 撰

明成化本東坡七集

第二七册

國家圖書館出版社

第二七册目録

東坡續集十二卷（卷第六—七）

卷第七

重刊明成化本東坡七集

東坡續集卷第六

書簡

與楊元素二首

陳主簿人還領手教伏承比日台候萬福深慰馳仰人物豐盛池館清麗足供嘯詠之樂數日来人皆云公移徐州雖未是實語然理當如此惟汲汲行復遷擢矣某本欲秋間往見而汝州之行度不可免見治裝舟行自洛陽出陸百八十里至汝雖繚繞邅回然久困資用殆盡決不能陸行耳無緣詣別惟望順時為國自重

又

城南有亞父塚然非也塚在居巢城北有劉子政墓昔欲為起一祠堂以水大不果公若有餘力為成之亦佳城西有楚元王墓曾出獵至其下石佛山亦佳觀

與胡道士

昨日起離中途逆風吹往北岸幾葵魚腹知之二詩録寄到後幸一兩字附遞至他州貴知達玉芝善守護無為有力者所取餘惟保愛

與人

久不奉書疊承枉教字慰感良深比日起居佳勝汝

郡務簡儒師清閑於此相從豈非甚幸區區非面莫

究令兄不敢別狀乞道懇

與佛印禪師三首

專人来辱書累幅勞問備至感怍不已臘雪應時山

中苦寒法體清康一水之隔無緣躬詣道場少聞謦

欬但深馳仰

又

夢想高風忽復披奉欣慰可知但累日煩擾為愧耳

重承人船相送益用感怍別来法體何如後會不遠

萬萬保練

又

專人来復書教并偈捧讀慰喜且審比日法體安穩

幸甚幸甚今聞秀老赴召為衆望公来長蘆如何如

何某方議買劉氏田成否未可知須臾留數日携家

入山決矣殤子之戚亦不復經營惟感覺老憂愛之

深也大虚已去知之

荅賈耘老四首

久不奉書尚蒙記録遠枉手教且審比日動止佳勝

感慰兼集寄示石刻足見故人風氣之深且與世異

趣也新詩不蒙録示數篇何也貧固詩人之常齒落
目昏當是爲雙荷葉所困未可專咎詩也某鬓少加
白耳餘如故未緣往見萬萬自愛

又

僕已買田陽羡當告聖主哀憐餘生許於此安置幸
而許者遂築室於荆溪之上而老矣僕當閉户不出
公當扁舟過我也醉甚不成字不罪見滕公且告爲
畢末送相子来揚州

又

久放江湖不見偉人昨在金山滕元發以扁舟破巨

浪来相見出舩巍然使人神聳好箇沒興底張鎬相公見時且為致意別後酒狂甚長進也老杜云張公一生江海客身長九尺鬚眉蒼謂張鎬也蕭嵩薦之云用之則為帝王師不用則窮谷一病叟耳

又

今日舟中無他事十指如懸槌適有人致嘉酒遂獨飲一盃醺然徑醉念賈處士貧甚無以慰其意乃為作恠石古木一紙每遇飢時輒以開看還能飽人否若吳興有好事者能為君月致米三石酒三㪷終君之世者便以贈之不爾者可令雙荷葉收掌須添丁

長以付之也

與千之姪

必強姪近在泗州得書喜知安樂房眷子孫各無恙秋賦又不利老叔甚失望然慎勿動心益務積學而已人苟知道無適而不可初不計得失也聞姪欲暫還鄉信否叔舟行幾一年近於陽羨買得少田意欲老焉尋奏乞居常見邸報已許文字必在南都此行畧到彼葬却老妳一姨子由乾妳也住二十来日却乘舟還陽羨姪能来南都一相見否叔甚欲一往見傳正自惟罪廢之餘動輙累人故不果爾甚有欲與姪言

者非面不盡想不憚數舍之遠也寒暖不定惟萬萬
自愛

與潘彥明

別来思念不去心遠想起居佳安眷愛各無恙不見
黃榜未敢馳賀想必高捷也某兩曾奉書達否屢夢
東坡笑語覺後惘然也已買得宜興一小莊且乞居
彼遂為常人矣公必已赴省試謾發此書不復覼縷
惟千萬保愛

與開元明師五首

奉別累年舟過境上懷想不忘遣人惠書具知法體

安穩慼慰兼集咫尺無由往見萬萬自愛

又

石橋之壞每為悵然吾師經營非不堅盡當由窮蹇之人所向無成累此橋耶知尚未有涯但勿廢此志歲豐人紓會當成耳僕已得請居常州暫至南京即還南也知之

又

中前經過幸聞清論深欲還日再上謁以數相知約在栖賢且自德安徑赴之遂成食言悚息不已比日法體何如拙詩一首聊以記一時之事耳不須示人

切祝切祝

又

久復一見甚以為慰泥雨遠煩瓶錫不克欵語但有感愧乍遠千萬保愛

又

近過南都見致政太保張公以所蔵禪月羅漢十六軸見授云衰老無復玩好而私家畜畫像乏香燈供養可擇名藍高僧施之今吾師遠来相别豈此羅漢契緣在彼乎敬以奉贈亦太保公之本意也

荅王定國三首

辱惠書并新詩妙曲大慰所懐河凍膠舟咫尺千里
意思牢落可知得此佳作終日喜快滯悶氷釋幸甚
近在常置一小莊子歲可得百石似可足食非不知
揚州之美窮猿投林不暇擇木也承欲一相見固鄙
懐至顧但不如彼此省事之為愈也

又

禦瘴之術惟絶慾練氣一事本自衰晚當然初不為
瘴而作也其餘坦然無疑鷄猪魚蒜遇著便喫生老
病死符到奉行此法差似簡徑也君實嘗云定國瘴
煙窟裏五年面如紅玉不知道能如此否老人知道

則不如爾頑愚即過之先帝升遐天下所共哀慕而不肖與公蒙恩尤深固宜作挽詞少陳萬一然有所不敢者耳必深察此意無狀罪廢衆欲置之死而先帝獨哀之而今而後誰復出我於溝壑者歸耕沒齒而已矣

又

近絶少過臨賓客知其衰懶不能與人爲輕重見顧者漸少殊覺自幸昨日偶見子華嗟嘆老弟之遠外蒙囑聞過必相告吾弟大節過人而小事亦不經意正如作詩高處可以追配古人而失處亦受嗤於拙

目薄俗正好點檢人小疵不可不留意也

荅靈鷲遵老二首

前日壁間一見新偈便向泥土上識君今日復蒙古藤奇句益知前言之不妄也然既傳之諸祖何不自家留使既已倒持輙當逆化呵呵

又

疊辱手教且審法體佳勝扇子妙句開發良多本欲攀和恐久立大衆呵呵

荅楊元素 赴登州

專人至辱長牋爲貺禮意兩過契故不淺乃爾見諫

悚息悚息比日起居何如登州謝章未上不敢致啓
事近所傳盖非實也未由合并千萬順時保愛人還
適在瓜洲道中裁謝不如禮

與楊康功

兩日大風孤舟掀舞雪浪中但闔户擁衾瞑目塊坐
耳楊次公惠法醞一器小酌徑醉醉中與公作得醉
道士石詩托楚守寄去一笑某有三兒其次者十六
歲矣頗知作詩今日忽吟淮口遇風一篇粗有可觀
戲爲和之并以奉呈子由過彼可出示之令一笑也

答姚秀才三首

過蘇首辱垂訪到官又枉教字皆未克陳謝又煩專使惠問勤厚如此可量感愧比日起居何如寄示詩編石刻良爲珎玩以見好事之深篤也溽暑未觧萬萬以時保練

又

近專人還奉書必達入秋差涼體中佳否咫尺披奉無由尚冀保練慰此想念

又

昨惠及千字荷雅意之厚法書固人所共好而某方欲省緣除長物舊有者猶欲去之又况復收耶謹附

封納不訝

荅王慶源二首 登州還朝

近辱書并寄新詩伏讀感慰不已屬多事未及繼和不審比来尊體何如貴眷各均安某凡百如昨夢想歸路如痿人之不忘起也溽暑向隆萬乞以時保重

又

令子兩先輩必大富學術非久騰踔矣五五哥五七哥及十六郎臨行冗迫不果拜書因見道意登州下臨漲海枕簟之下天水相連蓬萊三山彷彿可見春夏間常見海市狀如烟雲爲樓觀人物之象數日前

偶見之有一詩録呈爲笑也史三儒長老近蒙書冗
中未及荅因見乞道區區海市詩可轉呈也京師有
幹乞示下

荅潘彦明二首

行役無定久不奉書至登州領所惠書承起居佳勝
甚慰思企到郡席不暖復蒙詔追勉強奔走愧歎不
已緬懷舊遊殆不勝情承太夫人尊候如昨昌言令
兄亦蒙惠書冗甚未及荅且伸意毅甫興宗公顚各
爲致區區餘惟萬萬自重

又

少事奉聞吳待制謫居於彼想不免牢落望諸君一往見之諸事與照管某向者流落非諸君相伴何以度日雪堂如要偃息且與打摸相伴使忘遷謫之意亦諸君風義也不罪不罪

與子安兄二首

拜違十八年終未有省侍之期歲行盡但有懷仰即日履兹寒凝尊體康勝姪男女各長成東塋每煩照管感涕不可言某到不旬日又有起居舍人之命方力辭免年歲間當請一鄉郡歸去漸謀退省耳未即瞻奉萬乞以時自重

又

子由亦有司諫之命想不久到京東塋芟松甚煩照

管如更合芟間告兄與楊五哥略往觀當分明點數

根槎交付佃户免致輙便偷斫也不然與出榜立賞

召人告偷斫者亦佳一切告留意相度阿膠半斤眞阿

井水煎者青州貢棗五斤充信而已京師有幹乞示及

與滿彦明四首

辱書喜承起居佳勝眷聚各佳某老病還朝不為久

計已乞郡矣何時扁舟還鄉一過舊樓溷亂故人旬

日而去言之悵然大熱千萬保愛

又

久不聞問方增渴仰忽領手字方知丈丈傾逝聞之悲怛不可言比日追慕之餘孝履且支持否某衰病懷歸夢想江上又聞耆舊凋喪可勝悽惋未由往慰惟冀節哀自重以畢後事

又

東坡甚煩葺治乳媼墳亦蒙留意感戴不可言令子各計安寳兒想見頎然矣郭興宗舊疾必全平愈酒坊果如意否韓氏園亭曾與葺乎若果有亭榭佳者可以小圖示及當為作名寫牌然非華事者則不足

名也張醫博計安勝一場灾患且喜無事風顛不少減否何親必安竹園復增葺否以上諸人各為再三申意僕暫出苟禄耳終不久客塵間東坡不可令荒弟終當作主與諸君遊如昔日也願徧致此意

又

近附黄兵書必達比日孝履何如劉全父来頗聞動止殊慰想念京塵衮衮無佳思緬懷昔遊悵惘而已昌言及諸故人皆未及書必察其少暇伸意伸意乍暄千萬節哀自重

與王慶源二首

久不奉狀愧仰增積即日遠想起居佳勝叔丈脫屣
縉紳放懷田里絶人遠矣某罷廢流落今復强顔周
行有愧而已若聖恩憐其老鈍年歲間乞與一鄉郡
歸陪杖屨復講昔日江上携壷藉草之樂只是不得
拽脚相送先發遣酒壷歸瑞草橋於義儉矣記得否
呵呵何幸如之未間惟望厚自順養以享無疆之壽

又

遠沐寄示老手高風詠歎不已甚欲和謝公私紛紛
少暇竟未果悚悚七八兩秀才各計安為學想日益
早奮場屋慰親意也知宅醞甚奇日與蔡子華楊君

素聚會每念此即致仕之興愈濃也示諭要畫酒後信手豈能復佳寄一扇一小軸去作笑耳

荅佛印禪師

經年不聞法音徑術荒澁無與鋤治忽領手教累幅稍覺洒然仍審比来起居佳勝行役二年水陸萬里近方弛檐老病不復往日而都下人事十倍於外吁可畏也復欲如去年相對溪上聞八萬四千偈豈可得哉南望山門臨書悽斷苦寒爲衆自重

與王文甫

多時不奉書思仰不去心比日履茲酷暑體中佳勝

數日以伏暑下府初安乏力而淄二丈速行略奉此
數字殊不盡意西山詩一册當今能文之士多在其
間并拙詩親寫與鄧聖求詩同納上或能爲入石安
溪亦佳不然寫放壁中可也

與運判應之

多日不接奉渇仰殊深大熱伏想起居佳勝承旦夕
啓行無緣往别鄉里何幸被蒙豈弟之政但賢者遠
去有識所歎也衡犯酷暑千萬自愛

與范子功二首

違闊歲久書問不繼自咎之深殆無所容伏惟盛德

雅度有以容之比日竊計鎮撫之暇台候萬福某蒙
庇粗遣驟遷過分倫貟無補惟雅眷有以教督之乃
幸毒熱伏冀順時為國自重

又

久踈上問愧仰增劚承軒旆將至起居佳勝欣慰不
已暫還舊席即膺柄用輿議所屬小子得少託餘庇
尤為厚幸區區即遂面究

與知縣十首

紛冗久踈上問辱書感愧比日履兹春温起居何如
未由展奉徒深渴仰尚冀保練以慰區區

又

近屢辱書數裁謝但苦冗中不盡意耳比日起居何
如惠笋已拜賜新奇之味遠能分惠感愧無已

又

頻示誨感服勤眷乍暄伏計尊體佳勝前去當入府
果爾否

又

近者疊辱臨訪紛冗中不盡所懷枉手教具審起居
佳勝感慰兼集何日復入城得少欵聚未間萬萬自重

又

近辱回教感慰深矣比日履茲伏暑起居清勝咫尺莫由會遇引領来塵庶幾少盡區區未間萬萬自重

又

人来辱手教承比日起居佳勝思企高義未緣欵奉臨思悵惘示諭書醉公石固佳但目昏罷倦每書過百十字輙意闌恐旦夕閑暇耳毒熱萬萬以時自重

又

近日雖獲一再見終不盡區區辱書告别又不即裁荅何量愧悚宿昔稍涼起居勝常景物漸嘉邑事多暇想有以為樂此外萬萬自重

又

疊辱手教感慰兼集邑事清簡起居勝常小兒蒙不鄙外荷德殊深矣未由接奉千萬以時自重

又

兒子遂獲託庇知幸魯鈍多不及事惟痛與督勵也切祝切祝晉卿相見殿門外惘然如夢中人也人世何者非夢耶亦不足多談但喜其容貌蔚然如故非有過人能如是耶

又

昨日辱示佳篇詞韻高絶非此句無以發揚醉公也

雨冷起居佳否二碑納上

與人二首

辱教伏承尊體康勝某以拘文不克造請初不知微恙今聞已安愈甚慰馳仰然猶加保愛也

又

違闊忽復周歲思仰日深衝涉薄冷起居清勝即獲瞻奉下情欣躍區區併遂面盡

與張正己

特承訪别愧企良深晴寒起居佳勝實月書信并念二姪一書煩從者附行不訝不訝正寒衝冒千萬加

愛

答李方叔 翰林

承示新文如子駿行狀丰容雋壯甚可貴也有文如此何憂不達相知之久當與朋友共之至於富貴則有命矣非綿力所能必致姑務安貧守道使志業益充自當有獲鄙言拙直久乃信爾照察幸甚

答毛滂

再辱示手敎伏審酷熱起居清勝見諭某何敢當徐思之當不爾非足下相期之遠某安得聞此言感愧深矣體中微不佳奉答草草

與王慶源三首

久不上狀愧仰增積即日退居多暇尊體勝常某進職北扉皆出獎庇自項流落江湖日欲還鄉追陪杖屨爲江路藉草之遊夢想見之今日國恩深重憂責殊大報塞愈難退居何日西望惋悵殆不勝懷想叔丈與丈人及諸姪歲時相遇樂不可名雖清貧難堪然熬波之餘必及鴒原應不甚寥寞也歲晚苦寒伏乞保重

又

近奉慰疏必達比日尊體何如某與幼弱凡百粗遣

人生悲樂過眼如夢幻不足追惟以時自娱爲上策也某名位過分日負憂責惟得幅巾還鄉平生之願足矣幸公千萬保愛得爲江邊携壺藉草之遊樂如之何

又

向要紅帶今寄一條去却是小兒子輩聞翁要此頗盡功句當釘造不知稱尊意否拙詩一首并黄秦二君皆當今以詩文名世者各賦一首寫作黄素經一卷并托孫子發宣德寄上京師有所須但請示及

荅劉貢父

某江湖之人久留輦下如在樊籠豈復佳思也人情責重百端而衰病不能應副動是罪戾故人知我想復見憐耶後會未可期臨書悵惘禪理氣術比来加進否世間闗身事特有此耳願更着鞭區區之禱也

與范蜀公六首

日望旌旆之至不敢復上問不謂高懷超然不屑世故堅卧莫致有識悵惘然孤風凛然是以下激頹靡雖非赫赫可指之功其於二聖忠厚之治所補多矣比日履兹寒凝台候何如未由瞻奉伏冀萬萬為國自重

又

某碌碌無補久竊非據又舍弟繼進皆以疎愚處必爭之地公議未厭豈可久安非遠當乞一郡以自效或得過謁少聞誨語大幸也始者竊意丈丈絕意軒冕然猶當強到闕一見嗣聖今乃確然如此殊乖素望然士大夫甚高此舉也冗中不盡區區

又

伏承歸政得請恩禮優異伏惟慶慰公孤風亮節久信天下而有識今日尤復歸心勉強暫起以慰二聖之望幡然復退以安無窮之福出處之間雍容自得

眞可為後世法矣官守所縻不獲躬詣謹奉手啓區區萬一

又

今晚忽得報承子豐承事遽至大故聞之悲痛殆不可言羡才懿行期之遠到今乃止此士友所共痛惜而況姻戚之厚悲惋可量丈丈高年罹此苦毒有識憂懸伏惟高明痛以理遣割難忍之愛上為朝廷下為子孫親友自重不勝僂僂

又

近者子豐携長子承務見過見其風骨秀整閒向下

二子甚奇死生壽夭皆常事惟有後可以少慰丈丈意幸以此自遣

又

子功淳父皆欲謁告省覲某恨不同往曉解左右臨書悽愴

與楊元素二首

向馳賀緘及因李教授行附問各已達否比日履茲微涼台候何似某蒙庇粗遣如聞公欲一謁元老果否不若遂遊廬阜况職當按行他日世事一復奉談欲為此行豈可得哉餘惟萬萬為人自重

又

某近數章請郡未允數日来杜門待命期於必得耳公必聞其畧盖為臺諫所不容也昔之君子惟荆是師今之君子惟温是隨所隨不同其為隨一也老弟與温相知至深始終無間然多不隨耳致此煩言盖始於此然進退得喪齊之久矣皆不足道老兄相知之深恐願聞之不須為人言也令子必得信計安

與張太保安道

某以不善俯仰屢致紛紛想已聞其詳近者凡四請郡杜門待命幾二十日文母英聖深照情偽德音琅

然中外聳服幾至有所行遣而諸公爕和之數日有
旨與言者數君皆促供職明日皆當見盖不敢兼盱
嫌若復伸前請爾蒙知愛之深不敢不盡幸為察之
褊淺多忤有愧教誨之素臨書悒悒

與李端伯實文三首

自附啓河朔爾後紛紛不獲繼問左右比日伏審鎮
撫之暇台候萬福蜀中本易治而或者擾之公既深
得民情而民亦素服公政切想下車以来笑談無事
行春之樂無由託後乘陪賓客之末但深想望舍弟
鎖宿殿廬未及奉狀

又

張君房助教陵井人本治儒術已而爲醫有過人者識病通變而性極厚恐欲知之某寵禄過分禄禄無補久以爲愧近屢請郡未獲若得歸掃墳墓遂得望見豈勝厚幸但恐政成促召在旦暮耳冗中不盡區區

又

邑子每来稔聞豈弟之政西南泰然不肖與受賜多矣幸甚幸甚小姪千之初官得在麾下想蒙教誨成就也曾拜聞眉士程遵誨者文詞氣節皆有可取不

知曾請見否

答吕元鈞三首

適辱教值局中不即答悚息悚息熱甚尊體佳安隆暑衝冒何不少待秋涼必亮此意非面莫盡香不欲附去恐損其人之髙節紛紛之議未聞其詳可否示諭餘俟朝中可既

又

中間承進職雖少慰人望然公當在廟堂此豈足賀也此間語言紛紛比来尤甚士大夫相顧避罪而已何暇及中外利害大計乎示諭但閔然而已非久季

常人行當盡區區

又

屢與令子語欽愛才美但尚屈太官未厭公論耳季常近得書亦見黄州人言體氣頗安壯但口眼微動耳来求藥物已寄去餘具令子口白

荅史彦明主簿二首

別後冗懶相因不果上問愧企增劇遠辱書教感服深矣比日起居何如衰病懐歸請郡未獲何時展奉少道苑結歲晚厚愛少慰區區

又

新寧想未赴上前所欲裝書至時可示諭也程懿𡛟去後旅思牢落聞已到郡矣寄惠秋石極感留意新春龍鶴菜羹有味舉箸想復見憶耶

與千之姪

獨立不懼者惟司馬君實與叔兄弟耳萬事委命直道而行縱以此竄逐所獲多矣因風寄書此外勤學自愛近來史學凋廢去歲作試官問史傳中事無一兩人詳者可讀史書為益不少也

與楊君素二首

奉別忽二十年思仰日深書問不繼每日以為愧比

日動止何似子姪十九兄弟遠来得聞尊體康徤異
常不勝慶慰知騎驢出入步履如飛能登木自採荔
支此希世奇事也雖壽考自天亦是身心空閑自然
得道也某衰倦早白日夜懷歸會見之期想亦不遠
更望順時自重少慰區區因孫宣德歸附手啓上問

又

某去鄉二十一年里中尊宿零落殆盡惟公亀鶴不
老松栢益茂此大慶也無以表異輙送暖脚銅缶一
枚每夜熱湯注滿密塞其口仍以布單褁之可以達
旦不冷也道氣想不假此聊致區區之意而已令子

三七秀才及外甥十一郎各計安

與黃州故人

某寵祿過分憂責自重顏衰鬢禿不復江上形容也屢乞郡未得但懷想曩游發於夢想也洗眼揩牙藥得之幸甚切望掛意覆盆子必已採得望多寄也都下有幹示及十二十三兩先輩各致區區忙甚未及書艾清臣亦然京師冗迫殊不欵曲也

答龎安常二首

久不爲問思企日深過辱存記遠枉書教具聞起居佳勝感慰兼集惠示傷寒論眞得古聖賢救人之意

豈獨為傳世不朽之資盖已義貫幽明矣謹當為作題首一篇寄去方苦多事故未能便付去人然亦不久作也老倦甚矣秋初決當求去未知何日會見臨書惘惘惟萬萬以時自愛

又

人生浮脆何者為可恃如君能著書傳後有幾念此便當為作數百字仍欲送杭州開板也知之

荅程懿叔

人来辱書喜知起居佳勝眷愛各萬福郡政清暇稍有樂事處以無心強梗自服甚善甚善所望於吾弟

也某凡百如昨但碎累各病醫人不離門勞費百端日有外補之興行先尚未到亦不聞遠近之耗未緣會合新春保練別膺殊渥

答李方叔三首

疊辱手教愧荷不已雪寒起居佳勝示諭固識孝心深至然某從來不獨不作不書銘誌但緣子孫欲追述祖考而作者皆未嘗措手也近日與温公作行狀書墓誌者獨以公嘗為先妣墓銘不可不報耳其他決不為所辭者衆矣不可獨應命想必獲罪左右然公度某無他意意盡於此矣悚息悚息

又

承遂舉三十喪哀勞極矣此古人事復見於君恨不能兼助耳不易不易阡表與墓誌異名而同實固難如教不罪不罪某莫歸困甚來人又立行不復覼縷

又

某以虚名過實士大夫不察責望逾涯朽鈍不能副其求復致紛紛欲自致省靜寡過之地以餞餘年不知果得此願否故人見愛以德不應更虚華粉飾以重其不幸承示諭但有愧汗耳

與王定國

數日臥病在告不審起居佳否知今日會兩壻清虛

陰森正好劇飲坐無狂客氷玉相對得無少濬否扶

病暫起見與子由簡大罵書尺往還正是擾人可憎

之物公乃以此為喜怒乎仙人王遠云得此書當復

劇口大罵之固應爾然而不可以徒罵也知公濬甚

往䒭一笑張十七必在坐幸仰意

與李端叔

辱書幷示伯時所畫地藏某本無此學安能知其所

得於古者為誰何但知其為軼妙而造神能於道子

之外探顧陸古意耳公與伯時想皆期我於度數之

表故特相示耶有近評具晝百十字輒封呈并晝納
上
與李伯時
辱手示及惠新醖感愧殊深即日起居佳勝洗玉池
銘更寫得小字一本比之大字者稍精請用陳伯脩
之説更刻於石柱上為佳人還奉謝
與范純父
三辱示諭鄙意不移公休之餽人子之心也不肖之
辭夙昔之分也某已領其意而辭其物物有齊量意
豈有窮哉昔人已聘還圭璋庶幾此義

與辯才禪師三首

久不奉書愧仰增深比日切惟法履佳休某忝冒過分碌碌無補日望東南一郡庶幾臨老復聞法音尚冀以時為衆自愛

又

某尚與兒子筌僧名迨於觀音前剃落權寄緇褐去歲明堂恩已奏授承務郎謹與買得度牒一道以贖此子今附趙君賫納取老師意剃度一人仍告於觀音前略祝頗過悚息悚息

又

某有少微顑須至仰煩切料慈照必不見罪某與舍弟某捨絹一百匹奉為先君覇州文安縣主簿累贈中大夫先妣武昌郡太君程氏造地蔵菩薩一尊幷座及侍者二人菩薩身之大小如中形人所費盡以此絹而已若錢少即省鏤刻之工可也乞為指揮選匠便造造成示及專求便船迎取欲京師寺中供養也煩勞神用媿悚不已

與浴室用公

去鄉久不復相聞知得来示及退翁書乃審公正信法子而吾先友史彦輔十三丈之甥也又承寄示正

信偈頌塔銘感歎不可言比日法體勝常知長講起
信自講入禪把纜放船甚善甚善輒題數句塔銘後
以補闕逸未即相見千萬為法自重大雪後手凍不
復成字

與張元明二首

數日起居佳否有一詮秘大師者與之久故患痢後
腸滑甚困欲煩一往視療之可否在興國寺戒壇院
此一高行僧也便同作福田呵呵

又

數日起居佳勝適在院中得王郎簡帖如此今封呈

切告輟忙一往他必不敢荷留且請周念副此人友愛急難之心切望切望

與家復禮

前日辱訪別悵戀不已陰寒起居佳否送行詩別寫得一本都勝前日書者復納去遠道萬萬自重

荅劉元忠三首 杭州

專人辱書承昆仲遠寄詩文讀之喜慰殆不可言喜諫議公之有子也比日雪寒起居佳否詩文皆大佳然法曹君所製尤佳也為之不已何所不至輙出一詩為謝取笑取笑未由披奉千重節哀自重

又

聞愛弟傾逝手足之痛如何可言奈何奈何盛德之後何乃止此壽夭默定非追悼所及千萬寬中自愛而已無由面慰臨紙哽塞

又

先公傳久欲作以官事冗冗未暇成當即寄去也所要白雲居士字不知足下自謂耶抑為他人求也既不識其人不欲便寫若乃是自謂則未顛足下為此名號也必見此言黄素却寫一絶句納去不訝

荅王慶源

久不奉書愧仰無極令姪元直遠訪首出教字感僩之懷未易盡陳比日履兹春和尊體何如某為郡初遣衰病懷歸日欲致仕既忝侍從理難驟去須自藩鎮乞小郡自小郡乞宫觀然後可得也自數年日夜營此近已乞越雖未可知而經營不已會當得之致仕有期則拜見不遠矣惟望倍加保嗇庶歸鄉日猶能陪侍杖屨上下山谷間也楮冠玳簪聊表遠意玳簪已七八十年物閲數名公矣幸服用之

與引伴高麗練承議三首

辱囘教感服不已數日極寒徒御良苦切惟起居佳

勝早潮不知應否想不出今晚必渡引望飢渴專人

候問

又

来日若晚渡酒五行已夜矣本州舊例雖夜已深人

使猶秉燭復謁當夜下書請次日大排不知如何又

二十日正是國忌若待二十一日大排又過三日勑

限不知可打散不坐否乞一一示諭得以預偹矣

又

中使已到三十里若高麗使只今来辭酒罷却可迎

中使老業未盡有此蒼忙望公慈造一言得只今上

馬為幸

與潘彥明二首

久不奉書切惟起居佳勝老拙凡百如舊出守舊治頗得湖山之樂但歲災傷拯救勞弊無復齊安放懷自得之娱也彥明與故人諸翁頗見念否何時會合臨紙惘惘新春萬萬自重

又

兩兒子新婦各為老乳毋任氏作燒化衣服幾件敢煩長者丁嚱一幹人令剩買紙錢數束仍厚鋪新蒭於墳前一酹而燒之勿觸動為佳恃眷念之深必不

罪干浼悚息悚息

與陳懿㳀二首

稍不聞問思企增劇比日起居何如貴眷各安勝廣東近亦得書甚安子由使厲亦還矣某近忽苦腰痛在假數日今雖強出視事尚未全健已乞宣城或宫觀去此雖暫病亦欲漸為退休之計耳吾弟治績遠聞當即召用少慰公議

又

承拜命移漕巴峽薄慰衆望方欲奉書使至辱教字且審起居清勝懿叔才地治狀當召還遂清近此何足

道得一省墳墓仍見親知爲可賀耳衰病疲厭何時北趍歸路仰羨而已知在江上咫尺莫緣一見臨紙惘惘

答闍復上人

辱書并詩誦咏不釋手感慰之極比日起居何如示諭欲以髙文發明儒釋固所望於左右也某數日病在告今日頗快来旦欲出視事然尚少力粗和得来詩未能盡意花瓷不難得但去人已負重後信當致也詩中似欲之故及未相見間萬萬自愛

與趙德麟二首

候吏來特承書教禮意兼重感怍不已比日起居何
如養痾便郡得親宗彥幸甚行役迫遽裁謝草略想
蒙恕察

又

明守一書託為致之育王大覺禪師仁廟舊所禮遇
嘗見御筆賜偈頌其略云伏覩大覺禪師其敬之如
此今聞其困於小人之言幾不安其居可歎可歎太
守聰明老成必能安全之頤公因語欵曲一言正使
凡僧猶當以仁廟之故加禮而况其人道德文采推
重一時乎此老今年八十二若不安全當使何往恐

朝廷聞之亦未必喜也某方與撰宸奎閣記旦夕附
去公若見此老且為致意

與大覺禪師璉公二首

奉別二十五年幾一世矣會見無時此懷可知到此
日欲奉書因循至今辱書具審起居安穩南方耆舊
彫落惟明有老師杭有辯才道俗所共依仰蓋一時
盛事此来時得從辯才游老病昏塞頗有所警發恨
不得一見老師更與鑽磨也歲暮山中寒苦千萬為
衆自重

又

要作宸奎閣碑謹以撰成衰朽廢學不知堪上石否
見參寥說禪師出京日　英廟賜手詔其略云任性
住持者不知果有否如有切請錄示全文欲添入此
一節切望子細錄到即便添入仍大字寫一本付侍
者賫歸上石也惟速為妙碑上別作一碑首如唐以
前制度刻字額十五字仍刻二龍夾之碑身上更不
寫題自古制如此最後方寫年月撰人銜位姓名更
不用著立石人及在任人名銜此乃近世俗氣極不
典也下為龜趺承之請令知事僧依此

與大別才老三首

專人来辱書伏承法體清勝甚慰想望山門虛寂長夏安隱燕坐湛然得無所得無緣面話惟萬萬自愛

又

昨日辱訪冗迫未遑詣謝領手教且審法履勝常爲慰語録蒙借開發蒙鄙爲惠甚厚

又

衰疾無狀衆所鄙遠禪師超然絶俗乃肯惠顧此意之厚如何可忘還山以来道體何如相見杳未有期日深馳仰寒凝爲衆自重

與承天明老五首

近辱臨訪紛冗不遂欵接愧企無量比日道體何如法涌赴闢道俗一意皆欲嗣此道場緣契已定想便屆臨副此誠仰餘非面莫究

又

人還辱書蒙峻拒不識道眼有何採擇深所未喻也衆意堅甚計雖百却不已幸早戒途比日起居何如即見不復覼縷

又

衆詣漕臺敦請已許為行下相次新太守過此當力求之想亦必勸行吾師豈能盡遠之耶至時不免来

此不如今日赴衰病之請却非世情也

又

法涌始者甚不欲赴法雲而張都尉之請既堅遂不能遠亦云契緣在彼非力辭可免法涌既不得免則吾師今者亦必無緣辭避幸便副衆心毋煩再三也

欽企欽企

又

適辱書知不遠衆頥即當西渡喜慰之至比日法履康勝某雖被旨去郡猶能少留及見升堂聞第一義也

與佛印禪師三首

治行草草不復上問忽奉手筆曠若發蒙且審比日戒體輕安又承退席雲卧尤仰高風也未緣展晤引跂尤劇

又

久不奉書忽辱惠教且審徂暑戒體輕安承有金山之召應便領徒東来叢林法席得公臨之與長蘆對峙名壓淮右豈不盛哉渴聞至論當復洛叩惟早趣裝途中善愛

又

塵勞衮衮忽得来書讀之如逢蒿藜藋之逕而聞謦欬之音可勝慰悦且審即日法履輕安又重以慰也某蒙恩擢寘詞林進陪經幄是為儒者之極榮實出禪師之善禱也餘熱千萬自重

與孫正孺二首

數日前因来人奉書必達比日伏想履茲餘熱起居佳勝某已八上章乞郡旦夕必有指麾且輟忙為公作得送行詩跋尾以先祖諱故不欲作冠篇也未由會合千萬保愛

又

某頑健稍勝昔日老兄眠食不衰否闊遠無他囑惟倍萬保嗇而已勿將作汎汎常語過耳也千萬千萬入石時莫用邊花欄界之類古碑惟石上有書字耳少着花草欄界便俗状也不罪不罪偶與子由飲半盞酒便大醉不成字

與王元直

别久思詠春深不審起居佳否眷愛各康勝某與二十七娘甚安小添寄叔並無恙新珠必甚長成諸親各安旅宦寡悰思歸未由豈勝悵悵某為權倖所疾久矣然捃摭無獲徒勞掀攪取笑四方耳不煩遠憂

未緣會面惟冀以時珎衛

荅王聖美

昨日庭中望見喜慰久渴辱教伏承尊體佳勝無緣
造門尚冀邂逅復少須吏人還布謝草草

荅青州張秘校

承携長牋下訪不克迎奉為愧經宿伏惟尊履佳勝
示諭乃宰物者之事非不肖所能致也幸賜深亮

與王慶源之子

某自去歲聞宣義㚥丈傾逝尋遍中奉慰疏必已聞
達爾後紛冗少暇繼以行役不定久闕書問愧悚不

已叔文平昔以文行著稱里閭於場屋晚乃少遂終不振顯惟望昆仲力學砥礪以顯揚不墜爲心乃末戚區區之望也因信惠一二字

與王正夫朝奉三首

遞中辱書人至復枉手示併增感慰即日起居如宜襄事薄遽哀苦至矣無由助執紼臨紙惋歎尚冀寬中毋毀以就遠業

又

大年哀詞恨拙訥不盡盛德聊塞孝心萬一何日西行傾想之極曹子方因會致區區

又

惠示誌文伏讀感歎拙詞何足刻石媿媿子方見過
聞動止為慰餘非面莫究

荅楊禮先三首

新歲日欲往見紛紛未由辱簡承尊體已安復感慰
無集厚貺狨皮石硯蠟燭物意兩重不敢違命但有
愧灼

又

話別草草惘然不已信宿起居佳勝明日果成行否
拙詩聊發一笑

又

久闊暫聚喜慰不可言但苦都下紛紛不盡欵意別来思仰增劇亟辱手教承已到郡起居康福眷愛各無恙寄示石刻暴揚鄙拙極為悚怍衰病懷歸又復歲暮牢落可知切想坐嘯之餘日與知舊往還此樂可羨也

與潮守王朝請滌二首

承寄示士民所投牒及韓公廟圖此古之賢守留意於教化者所為非簿書俗吏之所及也顧不肖何足以記此公意既爾衆復過聽亦不敢固辭但迫行冗

甚未暇成之頗稍寬假遞中附往也子野誠有過人
公能禮之甚善向蒙寵惠高文欽味不已但老懶廢
學無以塞盛意悚怍不已

又

承諭欲撰韓公廟碑萬里遠意不敢復以淺陋為詞
謹已撰成付来价其一已先遁矣卷中者乃某手書
碑樣止令書史録去請依碑樣止模刻手書碑首既
有大書十字碑中不用再寫題目及碑中既有太守
姓名碑後更不用寫諸官銜位此古碑制度不須徇
流俗之意也但一切依此樣仍不用周回及碑首花

草欄界之類只於淨石上模字不着一物為佳也若
公已替即告封此簡與吳道人勾當也

與吳子野

文公廟碑近已寄去潮州自文公未到則已有文行
之士如趙德者盖風俗之美久矣先伯父與陳文惠
公相知公在政府未甞一日忘潮也云潮人雖小民
亦知禮義信如子野言也碑中已具論矣然謂瓦屋
始於文公者則恐不然甞見文惠公與伯父書云嶺
外瓦屋始於宋廣平自爾延及支郡而潮尤盛魚鱗
鳥翼信如張燕公之言也以文惠書考之則文公前

已有瓦屋矣傳莫若實故碑中不欲書此也察之

答亀山長老四首

忽辱書感慰無量比日法履佳否名為實賔學者之意師何用此重煩示諭過當未緣展晤千萬為衆自重

又

張君子都尉聞是舊檀越為奏海照之號令託林承議附納勅牒請作一書致君予貴知到也本欲為書海照堂大字作牌納去屢寫皆不佳不可用待非久告文安國為作篆字也

又

奉别忽半年思仰無窮比日履兹餘寒法體何如側

聞居山漸久道俗嚮服新命既下想慰衆意未瞻奉

間千萬以時自重

又

前者過謁雖不款留然開慰已多矣辱書審聞别後

法履清勝山門久墮綵經始爲勞然龍象所在淮山已

自改觀矣未期會集幸爲衆自愛

與佛印禪師二首

阻闊忽復歲暮忽枉教翰具審法履佳勝久不至京

只衰疾倦於游從無有會晤之日惟冀良食自愛煩
置白掛甚愧厚意賜茶五角聊以將意餘冀倍萬保
練

又

人至承誨示知儆裝取道會見不遠豈勝欣慰向冷
跋涉自愛

答王定國二首 潁州

辱書感慰謗𪗋已熄端居委命甚善然所云百念灰
滅萬事懶作則亦過矣丈夫功名在晚節者甚多定
國豈愧古人哉某未嘗求事但事來即不以大小為

之在杭所施亦何足道但無愧怍而已過蒙示諭慙汗若使定國居此所為當更驚人亦豈特止此而已本州職官董華密人能具道政事歎服不已但恨公命未通爾静以待之勿令中塗齟齬自然獲濟如國手碁不須大段用意終局便須嬴也

又

張公盱病不勝憂懸急要文集不敢不附去在任二年到京數月無頃刻暇時公屬我文集當有所删潤雖不肖豈敢知此然公知我之深舉世無比安敢復有形迹實頓傾副公萬一故不敢草草編録到頼方

有少暇正欲編次而遽索之且乞定國一言檢閲仍以相付幸也

與趙德麟二首

數日不接思渴之至衝冒風雪起居何如端居者知愧矣佛陁波利之䖍一至此耶乃知退之排斥不爲無理也呵呵酒二壺迎勞惟加鞭

又

昨日幸接笑語今日知舉掛閳之後時不及往慰悚息悚息三日臂痛今日幸減録舊詩一篇奉呈聞公亦欲借示詩藁幸付去人上清宫成而有德音意謂

守臣當有賀表如何如何謀之於公幸略垂示

與辯才禪師

别来思仰日深比日道體何如某幸於鬧中抽頭得此閑郡雖未能超然遠引亦退老之漸也思企吴越諸道友及江山之勝不去心或更送老請會稽一次老師必能為此一郡道俗少留山中勿便歸安養不肖更得少接清游何幸如之惟千萬保愛

荅參寥二首

兩得手書具審法體佳勝辯才遂化去雖来去本無而情鍾我輩不免悽愴也今有奠文一首幷銀二兩

託為致茶果一奠之潁師得書且喜進道紙尾待得閑寫去餘惟萬萬自重

又

某在潁一味適其自得也承惠家園新茗珎感之至紫衣腳色已付錢令冬必得已託王晉卿取附遞至智果也四公子亭他輩非吝但近日人言尤可畏薄惡之甚故未可也必深悉此潁上人道業必進託為傳語聰公病懶不寫書不訝不訝邁已赴河間來書續附去次少游近致一場鬧皆群小忌其超拔也今且無事閑知之

與汪道濟二首

專使至辱書感服存記且審比来起居佳勝甚慰馳仰未卜會見惟祈保練

又

某見報移汶上而勑未下老病不堪寄任方欲力辭未知得免否令子日夕相見甚安知之

與范純父侍郎二首

到頼半年始此上問懶慢之罪踧踖無地中間辱書及承拜命貳卿亦深慶慰然公議望公在禁林想即有此拜也春暖起居何如某移廣陵甚幸舍弟欲某

一到都下乞見而行路既稍迂而老病務省事且自頫入淮矣不克一别臨書惘惘

又

某衰病日侵而使客旁午高麗復至公私勞弊殆不能堪但以連歲災傷不敢别乞小郡然來年闕食之憂未知攸濟日俟罪譴而已李唐夫一宅甚安沉酣江山旬日忘歸非久赴任也

與明父權府提刑

到官半歲依庇德宇獲遂觧去感服深矣臨行寵餞再三益愧眷厚别後切想起居佳勝某已達泗上迎

送人等謹遣還府今日留一飰晚遂發去愈遠左右
回望悵然尚冀保練以須顯拜

與孔毅父二首

到揚吏事清暇而人事十倍於杭甚非老拙所堪也
熟觀所歷數路民皆積欠為大患仁聖撫養八年而
民未蘇者正坐此事爾方欲出力理會誰肯少助我
者乎此間去公咫尺爾而過往妄造言語者或言公
欲括田而招兵近悶得皆虛想出於欲邀功賞而不
顧公來者也事之濟否皆天也君子盡心而已無由
面見臨紙惘惘

又

到此得所賜書即於遞中上謝豈不達耶續蒙示諭王景尋文集某猶及從其人游當依所教然近日士大夫以某不作銘誌故變文為集引耳已屢辭之今恐未可遽作也不罪不罪前日得舍弟書報志公婢偶傷大湯初甚驚惋連得書已全安無痕矣恐要知在京數日見其慧利長進無病後毋撫之如己出也除夜紛紛奉啓不謹

與范純夫四首

別後不一奉書懶慢之罪未有以解然別時亦先自

陳矣比日履茲初冬起居佳勝切聞屢進拜喜抃無
量與子功同侍邇英此最搢紳之所榮慕又聞有旨
許講罷奏事想日有補正也未緣會合千萬自重

又

奉書不數愧仰可知辱手教且審起居佳勝為慰某
凡百粗遣聞天官之除老病有加那復堪此即當力
辭乞閑郡爾側聆大用以快群望未間千萬以時自
重

又

忠文公碑固所願託附但平生本不為此中間數公

蓋不得已不欲卒負初心自出都後更不作不為己辭數家矣如大觀其一也今不可復寫千萬亮察魯直日會且致區區兩辱書皆未荅直懶爾别無説然魯直不容我誰復能容我者

又

前日見報知新拜即欲奉書為賀又恐草草念行後間迫猝未能便如禮故不免發數字想不深訝不寐之喜豈獨以樂正好善之故耶更不必盡談公議所屬想公有以處之矣私意但望公不力辭若又力辭乃似辭難矣餘亦見子由書中乍熱起居如何乍遠

千萬爲道自愛

答趙德麟二首

人来辱書伏審履兹畏暑起居佳勝爲慰見念之深正如懐仰之意不肖獨賴晃無咎在此方憂其去若果得德麟爲代真天假老拙也既未欲来此寄居常令爲於高郵尋安下處續當馳報也未間萬萬自重

又

别後思仰不可言切計起居佳勝得舍弟書奉太夫人久服藥近已康復伏惟懽慶到郡兩月公私勞冗有稽上問想未深責會合未期惟兾侍奉外千萬保

重

與人三首

欽服下風為日久矣遲暮相從傾盖如故非氣類自然抑宿昔緣契也人来辱手教得聞起居勝常堂上康福感慰深矣某凡百如故又得無咎切磨知幸

又

久别思詠日深衰疾多故人事弛廢過蒙手書存録益用愧負比日起居佳勝如聞已有召命想即超用以慰公論未間萬萬為國自重

又

出守幸獲相聚每得見脩然忘歸爲益多矣别来起

居何如到揚人事紛紛坐想清游可復得耶乍熱千

萬自重

與范子功四首

見舍弟説知得雍信幼孫夭逝聞之怛然便欲往見

從者已散去切想慈念之深不能無動然竟亦何益

惟千萬以理照遣旦夕面究

又

辱教承晚来起居佳勝團茶及匣子香藥夾等已領

珍感珍感栗子之求不太廉乎便不得更送一箇笆

籬耶呵呵

又

宿来起居佳勝已馳簡邀伯揚来日會啓聖公能枉轡甚幸子由明日奠酹後便往啓聖公可到彼早食也某略到押賜處便往

又

廣嚴之會謹如教計必請陳四也分惠佳茆感感獨飲一盃遂醉書不成字

荅李方叔六首

别久音問缺然忽承惠教愧仰何勝秋暑未過起居

何如未由會面萬萬順時珍重

又

專人辱啓事長書及手簡累幅意貺甚厚非所敢當

又蒙教以不逮非君子直亮期人之遠何以及此然

衰病之餘豈任此責愧悚之極比日起居佳勝惠示

㹠皮等物皆所不敢當禮曹之傳蓋妄也信篭元不

發却付来人蓋近日親知所寄示一切辭之非獨於

左右也千萬恕察知非久入京見訪幸甚未閒千萬

珎重不宣

又

前日所貺高文極為奇麗但過相粉飾深非所望殆
是益其疾耳無由往謝悚汗不已

又

近者雖獲屢見迫於多故不盡區區别来辱書且喜
體中佳勝某方杜門請郡章四上未允方更請耳會
見未可期千萬順時自愛至禱

又

前日辱訪客衆不及欵話兩三日又無緣接奉思企
不可言手教為貺慙感無量苦寒諸況何如常日不
獨以禁令不得瞻奉又以差館伴紛紛殊不暇也衰

病疲曳欲脫而不可得可勝歎耶

又

連日欲門祗候不果致問辱簡承起居佳勝来日行香罷又須一弔康公晚乃歸方叔能枉訪夜話為別甚幸餘留面話

荅潘彦明

辱書感慰無量比日起居何如別来不覺九年衰病有加歸休何日往来紛紛徒有愧歎知東坡甚葺治故人仍復往還其間否會合無期臨紙悵惘

與鞠持正二首

雨日薄有秋氣伏想起居佳勝蜀人蒲永昇臨孫知微水圖四面頹爲雄爽杜子美所謂白波吹素壁者願挂公齋中真可以一洗殘暑也近晚上謁次

又

知腹疾微作想即平愈文登雖稍遠百事可樂島中出一藥名白石芝者香味初若嚼茶久之甚美聞甚益人不可不白公知也白石芝狀如石耳而有香味惟此爲辯秘之秘也

荅趙德麟三首 還朝

累辱手教感慰無量比日起居佳勝大禮日近隨分

冗迫未得即見賢者深增悵惘也乍寒萬萬以時自
重
又
紛紛尚未暇往見思企之極隂寒起居佳勝否甘釀
佳貺輒踐前言作賦可轉呈安定否無事見臨幸甚
又
辱教承台候佳勝拙疾猶未退尚潮熱惡寒也来日
必赴盛會未得後日猶恐當謁告也辱意甚寵適會
如此非所願幸千萬加恕子由固當馳赴也穆公且
喜漸安卧病書此不謹

與人三首

吏役往還得見風采爲幸已多重承存録延顧極厚

感佩無量自別来一向冗迫不即裁謝慙負可知令

子齋郎至領手教且審起居佳勝乍此睽隔翹想日

深尚冀珎調少慰鄙願

又

辱示長牋詞旨過重適少冗迫来使不敢久稽未及

占詞爲荅想知照未甚訝也惶恐惶恐疊蒙惠長松

以扶老病感佩不可言天覺臨别時亦許寄来因到

彼可爲督之藥名品方狀精詳之極非故人留意之

深何以及此未有以答厚意但積悲感都下委示及

又

疊辱臨訪欲少欵奉多事因循繼以卧病負愧深矣

知明日啓行無緣面别尚冀保練

與王賢良

近辱臨訪連日紛冗不及欵奉竊惟起居佳勝寵示

新作感服至意

答楊濟甫

久以私撓不作書累蒙惠問且審起居佳勝為慰衰

年咎責移殃家室此月一日以疾不起痛悼之深非

老人所堪奈何奈何又以受命出師定武累辭不獲須至勉強北行家事寥落懷抱可知因見青神王十六秀才亦為道此會合何時臨書悽斷惟千萬順時自愛

與子安兄四首

十九郎兄弟遠至特蒙手誨恭審比来尊體佳勝甚慰繫望骨肉久别乍聚問訊親舊但有感歎知兄杜門守道為鄉里推愛弟久客倦游情懷常不佳日望歸掃墳墓陪侍左右耳方暑敢冀以時自重

又

往蒙示先伯父事迹但有感涕專在早懷重承誨諭惶悚之至正冗迫中不敢久留來人未暇寫諸親知書乞爲致意非久徧發也

又

墓表又於行狀外尋訪得好事皆參驗的實石上除字外幸不用花草及欄界之類才着欄界便不古花木尤俗狀也唐以前碑文皆無告照管模刻子細爲佳不罪不罪

又

每聞鄉人言四九五九兩姪爲學勤謹事舉業尤有

功審如此吾兄不亡矣惟深念負荷之重益自修飭
乃是顔閔之孝賢於毁頓遠矣此間五郎六郎作失
毋毁痛難堪亦以此戒之矣吾兄清貧遭此固不易
處某亦為一年兩喪困於醫藥殯斂未有以相助且
只令楊濟甫送二千為一奠餘俟少暇也

與聖用弟三首

聖用小二秀才弟別後冗迫不即奉書想未訝也比
日體中佳安今日榜出且喜小十捷解喜慰之極此
郎君為學勤至文詞成就来春必殊等也前賀無疑
向聞弟當復入来想必成行也小十甚安健日夕相

見不用憂未相會間千萬保愛子由為朝陵去未及
奉書

又

十郎司理不及別作書初官但事事遵禀小二叔教
誨官事勿苟簡公勤靜恕勿急求舉主曹事辨集上
官必不汝遺劉漕行父叔與之契舊因見但道此意
侯到定州欵曲作書也餘惟侍奉外多愛夜中目昏
不成字勿訝勿訝

又

方叔兄未及拜書且為致意子安三哥近有書未及

再上狀因見亦為致懇

與子由 赴定州

某為迫行事冗不及作孫子發書乞為致意近者奏辟吏部胥子初妄執言本官係合入遠人礙辟舉條及反覆詰之廼始伏云若今年九月二十七日本官成資後別無遺闕即不該入遠可以奏辟某尋有公文申部乞會問本州即見得成資已前有無遺闕凡爭數日乃肯據狀會同請與孫子發言畧說與本州官負言早與果決分明回一成資無遺闕文字来免為猾胥妄生枝節或更孫宣徳與一願就及本州官

負及所頃替非有服親一狀尤佳京師大抵官不事事而吏横也

與參寥

吳子野至出潁沙彌行草書瀟然有塵外意決知不日脫潁而出不可復没矣可喜可喜近遞中附呂丞相所奏妙總師號牒去必已披受訖即日起居何如某来日出城赴定州南北𨒪隔然請會稽之意終未已也當更俟年歲閒耳未會間千萬善愛

荅范純父

所示連日入問聖候極是極是見説執政逐日入問

宗室亦逐日問候也已將簡報錢尹令府中差人徧報諸公矣

與孫子發二首

專人来辱書承近日尊體佳勝蒙許就辟慰浣深矣奏檢附呈已發訖某行期不過九月半間會見不遠更祈順時自重

又

貴眷各計安勝公宇已令粗葺什物亷陋然亦粗足更有幹示喻塗中幸不滯留早到慰勤遲幸也

與錢濟明二首

別後至今遂不上問想察其家私憂患也遠辱專使手書且審侍奉起居康勝感慰無極老妻奄忽令已半年衰病豈復以此自纒但晩景牢落亦人情之不免重煩慰諭銘佩至意然公亦自有愛女之戚初不知奉疏後時慙負不已出守中山謂有緩帶之樂而邊政頹壞不堪開眼頗費鋤治近日逃軍衰止盜賊皆出疆矣幕客得李端叔極有助聞兩浙連熟呻吟瘡痍遂一洗耳何時會合臨書悃悃

又

寄惠洞庭珎苞塞上所不識分餉將吏並戴嘉貺也

無以為報親書松醪一賦為信想發一笑也近得單
季隱書云公有一癇藥方極神奇某長孫有此病多
年不差可見傳否如許幸遞中示及

與孫子發二首 南遷

人還辱教具審別後起居佳勝貴眷各康寧至慰至
慰某到郡甚健忝鄉且親平時不為不知公因此行
觀公舉措方恨前此知公未盡勉進此道為朋友光
寵餘惟萬萬以時自愛

又

子發以古人自期信道深篤雖窮達在天未可前定

然必有聞於時而傳於後也幸益自愛重以究遠業
臨行不盡區區

與開元明師二首

辱簡并惠扇碑及借示木石等皆佳妙但去長物為
陸行計無所置之謹留筆一束以領雅意餘囘納不
訝不訝

又

辱書且審法履佳勝且知從者嘗至符離見待久之
感愧深矣借示跋尾石刻是見存誠篤至却附來人
納上元本未會集間千萬珎重

與任德翁

半月不面思企深劇辱書承孝履如宜金陵雖久駐奉伺不至知亦留滯如此某在磁湖夾阻風已累日今日風亦不苦順且寸進前去恐亦未能遠也不知德翁今晚能到此否傾渴之至

與張元明二首

前日承追餞南都又送子由至筠風義之厚以增感慨比日具審起居佳勝萬里之别後會杳未有期伏乞善加保練

又

遠辱專人惠書輔以藥物極濟所乏衰疾有賴矣感刻感刻不知何時還蜀中自此音問遂隔曷勝惘惘

與黃元翁

某垂老投荒衆所鄙遠見孫提點言獨有存恤孤旅之意感激不已到治下當作陸行必留數日款見也

荅劉無言

此行但有感恩知罪省分絕欲守此四言行之終身庶保餘年得還田畝但未知有無後命爾

與孫子發三首

别来思企不可言比日尊體何如某蒙庇粗遣旦夕
離南都如聞言者尚紛紛英州之命未保無改也凡
百委順而已幸不深慮愈遠萬萬以時自重

又

郡中諸公未能一一奉狀因見各為致意過眞定見
楊采朝議此人有實學隱德河朔似此者以一二數矣
其子迪簡亦善吏某已舉之矣欲告提刑大夫來年
一京削敢煩子發為道此懇或持此簡呈憲使又幸

又

一起寫書十六七封不能復謹勿罪勿罪

與程德孺

在定辱書未裁荅問倉猝南来遂以至今比日切惟起居佳勝老兄罪大責薄未塞公議再有此命兄弟俱竄家屬流離汙辱親舊然業已如此但隨緣委命而已任德翁同行月餘其見老兄處憂患次第可具問更不詳書也懿叔赴闕今何在因書道區區後會無期臨書惘惘餘熱萬萬以時珎重

荅錢濟明三首 惠州

専人遠辱書存問加厚感悚無已比日郡事餘暇起居何如某到貶所闔門省愆之外無一事也瘴鄉風

土不問可知少年或可久居老者殊畏之唯絶嗜欲
節飲食可以不死此言已書諸紳矣餘則信命而已
近来親舊書問已絶理勢應爾濟明獨加於舊高義
凛然固出天資但愧不肖何以得此會合無期臨紙
愴悢

又

近在吴子野處領手教尚稽荅謝愧悚之至遠蒙差
人固佩荷契義而卓契順者又可奇也無以荅其意
與寫數紙公可取一閱也寄惠白朮極所欲得也牋
格甚高想見風裁回信惟有紫團參一板疑可以奉

親故不可以微鮮為愧也兩兒子曾拜見否凡百想有以訓之幼子過相隨甚幹事且不廢學蒙令子惠書回荅簡率一一封納必不罪也

又

嶺南家家造酒近得一桂酒法釀成不減王晉卿家碧香亦謫居一喜事也有一頌親作小字録成切勿示人千萬千萬

荅張嘉父

久不奉書過辱不遺遠枉教尺具審起居佳勝感慰交集著述想日益富示諭治春秋學此學者本務又

何疑焉此書自有妙用學者罕能理會若求之繩約中乃近法家者流苛細繳繞竟亦何用惟丘明識其妙用然不肯盡談徵見端兆欲使學者自見之故僕以為難蓋嘗悔少作矣未敢輕論也凡人為文至老多有所悔僕嘗悔其少矣然著成一家之言則不容有所悔當且博觀而約取如富人之築大第儲其材用既足而後成之然後為得也愚意如此是否夜寒筆凍眼昏不罪不罪

答徐得之二首

張君来辱書存問周至感激不已即日哀慕之餘孝

履如宜某到惠已半年九百粗遣既習其水土風氣
絕欲息念之外浩然無疑殊覺安健也兒子過頗了
事寢食之餘百不知管過亦頗力學長進也子由頻
得書甚安一家令作四處住惠筠許常也然皆無恙
得之見愛之深故詳及之不須語人也瞻企邈然臨
書惘惘乍熱惟萬萬節衰順變自重

又

詹使君仁厚君子也極蒙他照管仍不輟攜具来相
就極與君猷相善每言及相對悽然君猷諸子得耗
否十四郎後来修學如何

答吳秀才

人来領書且喜尊體佳勝并示歸鳳賦興寄遠妙詞亦清麗玩味爽然然僕方杜門念咎不願相知過有粉飾以重其罪此賦自别有所寄則善不肖決不敢當幸察之察之

東坡續集卷第六

重刊明成化本東坡七集

東坡續集卷第七

書簡

荅參寥三首

專人遠来辱首書并示近詩如獲一笑之樂數日喜慰忘味也某到貶所半年凡百粗遣更不能細說大畧秖似靈隱天竺和尚退院後却在一箇小村院子折足鐺中罨糙米飯喫便過一生也得其餘瘴癘病人北方何甞不病是病皆死得人何必瘴氣但苦無醫藥京師國醫手裏死漢尤多參寥聞此一笑當不復憂我也故人相知者即以此語之餘人不足與道

也未會合間千萬爲道善愛自重

又

潁沙彌書迹巉聳可畏他日眞妙總門下龍象也老夫不復止以詩句字畫期之矣老師年紀不少尚留情詩句字畫間爲兒戲事耶然此回示詩超然眞游戲三昧也居閑不免時時弄筆見索書字要楷法輒生數篇終不甚楷也秖一讀了付潁師收勿示餘人也雪浪齋詩尤奇偉感激感激轉海相訪一段奇事但聞海舶遇風如在高山上墜深谷中非愚無知與至人皆不可處胥靡遺生恐吾輩不可學若是至人

無一事冒此嶮做什麽千萬勿萌此意顗師喜於得預乘桴之游耳所謂無所取裁者其言不可聽切切相知之深不可不盡道其實耳自揣餘生必須相見公但記此言非妄語也

又

淨慧琳老及諸僧知因見致懇知為默禱於佛令亟還中州甚荷至意自揣省事以来亦粗為知道者但道心數起數為世樂所移奪恐是諸佛知其難化故以萬里之行相調伏耳少游不憂其不了此境但得他老兒不動懷其餘不足云也俞承務知為少游展

力此人不凡可喜可喜今有一書與之告專一人與轉達仍有書令兒子輩準備信物令送去俞處託求穩當舶主附與廣州何道士也見說自有斤重脚錢數日體例甚熟

荅南華辯禪師五首

竄逐流離愧見方外人之舊達觀一視延館加厚洗心歸休得見祖師幸甚幸甚人来辱書具審法體佳勝感慰兼集某到惠已二百日杜門養痾凡百粗遣不煩留意念

又

專人遠来獲手教累幅具審法履佳勝慰慰無極又
蒙遠致筠州書信流落羇寓每煩淨衆愧佩深矣承
惠及罌粟鹹豆等並荷厚意泉銘模刻甚精某此九
百如宜不煩念及未由瞻謁懷想不已熱甚惟萬萬
為衆自愛

又

所要寫柳碑大是山中闕典不可不立石已輟忙揮
汗寫出仍作一小記成此一事小生結緣於祖師不
淺矣荒州無一物可寄只有桄榔杖一枚木韌而堅
似可采勿笑勿笑舍弟及總師等書信領足比有人

去已發書矣張惠蒙去歲為令看船不得禮拜祖師及衣鉢甚不是今因來人令相照管一往不訝喧聒此子多病来時告令一得力庄客送回也留住五七日可矣

又

淨人来辱書具審法體勝常深慰馳仰至此二年再涉寒暑粗免甚病行館僧舍皆非久居之地已置園築室為苟完之計方斫木陶瓦其成當在中冬也

又

近苦痔疾極無聊看書筆硯之類殆皆廢也而要寫

王維劉禹錫碑未有意思下筆又觀二碑格力淺陋

非子厚之比也

荅王商彦

忝親戚之末未甞修問左右又方得罪屛居敢望記

及之專人遠来辱牋教累幅稱述過重慰勞加等幸

甚即日履茲秋暑尊體何如某仕不知止臨老竄逐

罪垢增積玷汚親友足下昆仲曲敦風義萬里遣人

問安否意其可忘書詞雅健陳義甚髙但非不肖所

稱也蜀粤相望天末何時會合臨書惘惘未審受任

何地来歲科詔垃聞峻擢以慰頋望未間更冀若時

自重

與程天侔七首 惠州

去歲過治下幸獲接奉别後有闕上問過沐省記遠辱手教且審起居佳勝感慰兼集長牋見寵禮意過當非衰廢所宜承當伏讀愧汗而已未由會見萬萬以時自重

又

乏人寫公狀幸恕簡略示諭固合如命但罪廢闃冷衆所鄙遠決無響應之理近發書多不荅未欲頻瀆也幸矜炤

又

至後福履增勝辱訪不果見悚怍無量寵惠羊酒紙茗極荷厚意荅謝稽緩不罪不罪

又

適辱訪別豈勝悵仰晚来起居佳勝為餞蔡守遂不得詣遣尚丐珎練

又

少事干煩過河源日告伸意仙尉差一人押木匠作頭王皐暫到郡外令計料數間屋材惟速為妙為家私紛冗不及寫書千萬勿罪幸甚

又

江君訪別本欲作書醉熟手軟不能多書獨遣此紙而已老拙慕道空能誦楞嚴之語而實無所見賢者得之便能發明如此誦語精妙過辱開示感怍無已龍眼晩實愈佳特蒙分惠感怍之至錢數封呈煩聒增悚

又

白鶴峯新居成當從天侔求數色果木太大則難活太小則老人不能待當酌中者又須土礶稍大不傷根者為佳不罪不罪

與程正輔提刑二十四首

近聞使旆少留番禺，方欲上問侯長官，来伏承傳誨意旨甚厚，感怍深矣。比日履兹新春，起居佳勝。知車騎不久東按，儻獲一見，慰幸可量。未間，伏冀以時自重。

又

竄逐海上，諸況可知。聞老兄来，頗有佳思。昔人以三十年為一世，今吾老兄弟不相從四十二年矣。念此令人悽斷。不知兄果能為弟一来否？然亦有少拜聞，某獲譴至重，自到此，旬日便杜門自屏，雖本郡守亦不往拜其辱。良以近臣得罪，省躬念咎，不得不爾。老兄到此恐亦不敢出迎若以骨肉之愛不責末禮而屈臨之餘生之幸非所敢望也其餘區區殆非紙墨所能盡惟千萬照悉而已德孺懿叔久不聞耗想頻得安問八郎九郎亦然令子幾人待行若巡按必同行因得一見又幸舍弟近得書云在湖口見令子新婦亦與道尊意感服不可言

又

專人至承賜撒累幅感慰無極比日履茲春陽尊體佳勝知春夏間方按行此邦豈勝縈望韶州風物甚美園亭德孺所治殊不知有可與為樂者否未披奉

閶更冀若時保練

又

老兄近日酒量如何弟終日把盞積計不過五銀盞耳然近得一醸法絶奇色香味皆疑於官法矣使𣏌来此有期當預醞也向在中山創作松醪有一賦閑録呈以發一笑

又

數日聞使𣏌来此喜慰不可言方欲遣人奉狀遽捧手教感慰兼至比日渉履風濤起居佳勝旦夕瞻奉併陳區區

又

某深欲出迎郊外業已杜門知兄知愛之深必不責

此然愧悚甚矣專令小兒走舟次也知十秀才侍行

喜得會見不及別奉書

又

昨日辱承欵語傾盡感慰深矣經宿起居佳勝所貺

皆珍奇物意兩重敢不拜賜少頃面謝

又

謫居窮寂誰復顧者兄不惜數舍之勞以成十日之

會惟此恩意如何可忘別後不免數日牢落切惟尊

懷亦悵然也但凝望沛澤北歸得復會見爾到廣少
留否比日起居何如某到家無恙不煩念及未叅俟
間萬萬若時自重

又

河源事上下繆悠而已有一信篭弁書欲附至子由
處輙以上干然不須專差人但與尋便附達或轉託
洪吉間相識達之其中乃是子由生日香合等它是
二月二十日生得前此到爲佳也不罪不罪

又

兩錫相聚多日備見孝義之誠深慰所望未暇別書

悉之悉之兒子適令幹少事未及拜狀輒已和得白
水山詩録呈為笑幷亂做得香積數句同附上前本
併納去硜字輒用極字盖攀例也呵呵

又

近檢法行奉書未達間伏蒙賜教幷寄惠柑子此中
雖有然似此佳者即不識也十有二壞耳謹如教略
嘗不多啖也比日還府以来起居佳勝某與兒子如
昨不煩念及大郎三郎有近耗未歲暮無緣會合惟
冀若時珎練

又

和示香積詩眞得淵明體也某喜用陶韻作詩蓋有四五十首不知老兄要録何者待稍閑編成一軸附上也只告不示人耳橋錢必不乏用學錢且告老兄留取切告切告前所問者已得實狀本州必已申去蓋亦只止是矣

又

近鄉僧法舟行奉書必達惠州急足還辱手教且審起居佳勝慰慰兼集寵示詩域醉鄉二首格力益清妙深欲繼作不惟高韻難攀又子由及諸相識皆有書痛戒作詩有說不欲詳言其言切甚不可不遵用空被来

既但慙汗而已兄欲寫陶體詩不敢奉違今寫在揚州日二十首寄上亦乞不示人也未由會合日聽除音而已餘惟萬萬若時自重

又

承服温胃藥舊疾失去伏惟慶慰反復尋究此至言也拙恙亦當服温平行氣藥耳德孺書信已領尚未聞所授豈當到闕乎兄亦歸覲耳何用更求外補惠及佳麪感怍適有河源乾菌少許并香篆一枚頗大謾納去作笑有肉蓯容因便寄示少許無即已也侯晉叔實佳士頗有文采氣節恐兄不久歸闕此人疑

不當遺也故略為記之不罪

又

少懇冒聞向所見海會長老甚不易得院子亦漸興葺已建法堂甚宏壯某亦助施三千緡是令起寢堂歲終當圓備也院旁有一陂詰曲群山間長一里有餘意欲買此陂（屬百姓見說數十千可得）稍加葺築作一放生池橐中已罄輒欲緣化老兄及子由各出十五千足某亦竭力共成此一事所活鱗介歲有萬數矣老大没用處猶欲作少有為功德不知兄意如何可便乞附至不罪不罪

又

此中魚湖之利下塘常為啓閉之所歲終竭澤而取略無脫者今若作放生池但牢築下塘永不開江水漲冒即聽其自在出入則所活不貲矣

又

廣州多松脂閑甫嘗買用桑皮灰煉得甚精因話告求數斤仍告正輔與買生者十斤因便寄示船上硫黃如不難得亦告為買通明者數斤欲以合藥散鐵爐煅可作時羅夾子者亦告為致一副史欽者三物皆此中無有不罪

又

某前者留傳羅一日再見發道士所聞別無異者方
欲邀來郡中款問也續寄丹砂已領感愧之極甚於
大丹未明了直欲以此砂試煮煉萬一伏火亦恐成
藥耳成否當續布聞比日得七哥書遞中已附謝也
六郎十郎各計安未及別書所要書字墨付回不惜
徐寄去也外曾祖遺事錄呈

又

寄極佳荔枝蒙須賜謹附謝懇蘇州錢倅差一般家
人又借惠力院一行者契頂順與宜興通問萬里勞人

甚愧其意因令附此書或略賜照管幸甚卒子與借請少許幸甚幸甚

又

忽復殘臘會合無緣不能無天末流離之念也急足回辱書具審尊體康勝仍示佳語五章字字新奇歎咏不已老嫂奄隔更此徂歲想加悽斷然終無益惟日遠日忘爲得理也某近苦痔殊無聊杜門謝客兀然坐忘爾新春爲國自愛早膺北歸殊寵

又

某覩近事已絶北歸之望然中心甚安之未話妙理

達觀但譬如元是惠州秀才累舉不第有何不可知之免憂詩屢欲和韻嶮又已更老手五賡殆難措辭也亦苦痔無情思耳惠黄雀感愧感愧子由一書告蚤入皮筒幸甚幸甚

又

河南兄弟已歸左右想哀慕之極切希為親自寬也近有慰疏未暇別紙

又

殘臘只數日感念聚散不能無異鄉之嘆不審兄諸況何如子舍到否新年不獲奉觴惟祝早膺召命未

閶更乞爲時自重

又

人来辱書伏蒙履兹新春起居佳勝至孝通直已還
左右感慰良深且聞有北轅之耗尤副早望詠史等
詩高絶每篇廼是一論屈滯它作絶句也前後惠詩
皆未和非敢懶也盖子由近有書深戒作詩其言切
至當焚硯棄筆不但作而不出也不忍違其憂愛之
意所以遂不作一字惟深察吾兄近詩益工孟德有
言老而能學惟余與袁伯業此事不獨令人不能古
人亦自少也未拜命閶頻示數字慰此牢落餘惟萬

萬爲時自重

與廣東提舉蕭大夫二首

春和切惟起居佳勝某罪譴得託迹麾下幸甚到惠即欲上問杜門省咎人事俱廢以故後時想不深訝未緣瞻奉伏冀爲時自重

又

伏審使旆廵按至惠得遂際見何幸如之某始寓僧舍凡百不便近因正輔至郡許假館行衙不及面稟輙已遷入悚側不已想仁愛顧恤不深訝也

答王敏仲四首

再辱手教感戴異深矣仍審比日台候康勝至慰至慰某凡百如昨新居旦夕畢工即遷入長子邁自浙中般挈由循州徑路來閏月可至此漸似無事可以却掃安居矣新政豈弟已穆然嶺海間矣更蒙下訪粗識仁人之用心也欣慰之極未緣面盡臨紙惋結

又

浮玉聞遂化去殊不知異事可聞其畧乎其母今安在謗者之言何足信也丹元事亦告盡録示決不示人也起居之語未曉亦告指示近頗覺養生事絕不用求新奇惟老生常談便是妙訣嚥氣納息眞丹頭

仍須用尋常所聞般運泝流法令積久透徹乃効也孟子曰事在易而求諸難道在邇而求諸遠董生云尊其所聞則高明矣行其所知則光大矣

又

春候清穆切惟撫馭多暇起居百福甘雨應期遠邇滋洽助喜慰也某凡百粗適遷新居已浹日小窓踈籬頗有幽趣賤累亦不久到矣未期瞻奉萬萬為國自重

又

兩蒙賜教感慰深至曾因周循州行奉狀想已塵覽

即日台候何如越人事嬉遊盛於春時高懷俯就想復與衆同之天色澄穆亦惟此時也莫緣陪後乘西望增慨

與范純夫

某謂居瘴鄉惟静絶欲念為萬全之良藥公久已爾不在多祝也子由極安常燕坐胎息而已有一書附納長子邁自宜興挈兩房来已到循州一行並安過近往迎之得耗旦夕到此某見獨守舍耳次子迨在許下子由長子名遲者官滿来筠省覲亦不久到恐要知六婦與二孫並安健過去日留一書并數品藥

在此今附何秀才去如聞公目疾尚未平幸勿過服涼藥暗室瞑坐數息藥功何緣及此兩承惠錫器極荷重意丹霞觀張天師遺跡儻有良藥異事乎令子不及別書侍奉外多慰子功之喪忽已除祥哀哉柰何諸子想各已之官某孫婦甚長旦夕到此矣

與蕭朝奉

近得見令兄提舉稍聞動止之詳為慰少事輙冒聞幸恕率易兒子邁般挈數房賤累自虔易小舟由龍南江至方口出陸至循州下水到惠賤官重累敢望矜恤特為於郡中諸公醵借白直數十人送至方口

計未遠出州界切望垂念已於循州覓畫得數十人至方口迎之也流落困苦想加愍察

荅王莊叔二首

遠辱教書具道三十年前都下與先人往還伏讀感涕仁人念舊手簡見及足矣書辭累幅禮意莊重此何過也伏審斬焉在疚哀慕之餘起居如宜某罪廢遠屏有玷知識重蒙獎飾衰朽增光會合未期尚冀節哀自重

又

某多病杜門人事都絶懶習已成筆硯殆廢承長牋

寵貺裁謝苟簡愧負深矣黄茆海瘴正作於秋蒸暑
鬱汗不能盡意恕之

與循守周文之二首

近日屢獲教音及林增城至又得聞動止之詳併深
感慰桃荔米酒諸信皆達矣荷佩厚眷難以盡喻今
歲荔子不熟土產早者既酸且少而增城晚者不至
方有空寓嶺表之歎忽信使至坐有五客人食百枚
飽外又以歸遺皆云其香如練家紫但差小耳二廣
未嘗有此異也又使人健行八百枚無一損者此尤
異也林令奇士幸此少留公所與者故自不凡也蒸

暑異常萬萬以時珍嗇

又

鄭君知其俊敏篤問學觀所爲詩文非止科場手段也人去忙作書不及相見且致此意李公弼亦再三傳語承許遠訪何幸如之海州窮獨見人即喜況君佳士乎林行婆當健有香與之到日告便送去也八郎房下不幸傷悼

與封守朱朝請二首

前日蒙示所藏諸書使末學稍窺家傳之秘幸甚幸甚恕先所訓尤爲近古某方治此書得之頗有所開

益拜賜之重若獲珠貝又重煩令子運筆益用愧悚老朽不揆輒立訓傳尚未必工異日當以奉呈也新說方熾古學崩壞言之傷心區區所欲陳未易究也臨紙慨然

又

公於春秋發明固多矣舍弟頗治此學異日相見當出其書互相考也然此書近遭廢錮尚未蒙羣復公尚敢言及耶想當一噱

與李大夫

近奉狀已達比日伏計起居佳勝旱勢如此撫字之

懷想極焦勞舊見太平廣記云以虎頭骨縋之有龍湫中能致雨仍須以長綆繫之雨足乃取出不爾雨不止在徐與黄試之皆驗敢以告

與周文之二首

近蒙寄示畫圖及新堂面勢仍求榜名嶺南無大寒甚暑秋冬之交勾萌盜發春夏之際柯葉潛改四時之運默化而人不知民居其間衣食之奉終歲一律寡求而易安有足樂者若吏治不煩即其所安而與之俱化豈非牧養之妙手乎文之治循已用此道故以默化名此堂如何可用便請題榜也

又

聞公服何首烏是否此藥温厚無毒李習之傳正爾

嗳之無炮製令人乃用棗或黑豆之類蒸熟皆損其

力僕亦服此藥但採得陰乾便擣羅爲末棗肉或煉

蜞和入臼中萬杵乃丸服極有力無毒恐未得此法

故以奉白

與人

累日欲上謁竟未暇辱教承足疾未平不勝馳繫足

疾惟葳靈仙牛膝二味爲末蜜丸空心服必効之藥

也但葳靈仙難得眞者俗醫所用多藁本之細者爾

其驗以味極苦而色紫黑如胡黄連狀且脆而不韌
折之有細塵起向明示之斷處有黑白暈俗謂之有
鴝鵒眼此數者備然後爲眞服之有奇驗腫痛拘攣
皆可已久乃有走及奔馬之効二物當等分或視臟
氣虚實　牛膝酒及熟水皆可下獨忌茶耳犯之
不復有効若常服此即每歲收橾皁筴芽之極嫩者
如造草茶法貯之以代茗飲此効屢嘗目擊知公疾
苦故詳以奉白元素書已作稍暇詣見

與惠州都監

君南来清節幹譽爲有識所稱皆曰此東坡弟子由

門下客也兩漢之士多起於游徼卒史至公卿者多矣願君益廣學問以期遠到

與史氏太君嫂

某謫海南狼狽廣州知時姪及弟流落中尤為慶乃知三哥平生孝義廉靜自守嫂賢明教誨有方天不虛報也明日當渡大海聊致此書嫂知意而已

與林濟甫二首 偕耳

眉兵至承惠書具審尊體佳勝眷愛各安某與幼子過南來餘皆留惠州生事狼狽勞苦萬狀然胸中亦自有翛然處也今日到海岸地名遞角場明日順風

即過矣回望鄉國眞在天末留書爲别未間遠惟
以時自重

又

某兄弟不善處世並遭遠竄墳墓單外念之感涕惟
濟甫以久要之契始終留意死生不忘厚德

荅劉元忠

近别伏惟起居安勝短牋不盡意察之柳伯通因會
爲致區區歐陽秀才實談道甚妙可與閑遊懷思文
忠公愛其屋上烏况族子弟之佳者乎餘惟萬萬若
時自重

答王敏仲

兒子還辱手書具審起居佳勝感慰無極舟行至扶胥急足示問乃知有袁州之命歎惋而已行止孰非天者復何言哉道所照知已平適但治行忽遽亦少勞神矣

答程全父推官六首儋耳

别遽逾年海外窮獨人事斷絶莫由通問舶到忽枉教音喜慰不可言仍審起居清安眷愛各佳某與兒子粗無病但黎蜑雜居無復人理資養所急求輙無有初至僦官屋數椽近復遭迫逐不免買地結茅僅

免露處而囊為一空困厄之中何所不有置之不足道聊為一笑而已平生交舊豈復夢見懷想清遊時誦佳句以解牢落

又

閣下才氣秀發當為時用久矣遐荒安可淹駐想益輔以學以昌其詩乎僕焚毀筆硯已五年尚寄味此學隨行有陶淵明集陶寫伊鬱正賴此耳有新作遞中示數篇迺珎惠也山川風氣能清佳否孰與惠州比此間海氣蒸溽不可言引領素秋以日為歲也寄貺佳酒豈惟海南所無殆二廣未嘗見也副以糖水

精麪等一一感銘非眷存至厚何以得此悚怍之至此間紙不堪覆瓿来者已竭有便可寄百十枚否不必甚佳者

又

便舟来辱書問訊既厚矣又惠近詩一軸為賜尤重流轉海外如逃深谷既無與晤語者又書籍舉無有惟陶淵明一集柳子厚詩文數冊常置左右目為二友今又辱来貺清深温麗與陶柳眞為三矣此道比来幾熄海北亦豈有語此者耶新春伏想起居佳勝某與兒子亦粗遣窮困日甚親友皆䟽絶矣公獨收

卹加舊此古人所難也感怍不可言惟萬萬以時自愛

又

令子先輩辱書及新詩感慰彌甚筆力益進家有哲匠矣何復下問乎老病百事皆廢尤倦寫書故止附此紙不別緘也不罪不罪

又

兒子比抄得唐書一部又借得前漢欲抄若了此二書便是窮兒暴富也呵呵老拙亦欲爲此而目昏心疲不能自苦故樂以此告壯者爾紙茗佳惠感怍感

作丈丈惠藥米醬薑鹽糖等皆已拜賜矣江君先輩辱書深欲裁謝連寫數書倦甚且爲多謝不敏也

又

久不得毗陵信如聞浙中去歲不甚熟曾得家信否彼土出藥否有易致者不拘名物爲寄少許此間舉無有得者即爲希奇也閒或有麄藥以授病者入口如神蓋未甞識耳

荅程天侔三首

去歲僧舍屢會當時豈知爲樂今者海外無復夢見聚散憂樂如反覆手幸而此身尚健得来訊喜侍奉

清安知有愛子之戚襁褓泡幻不須深留戀也僕離惠州後大兒子房下亦失一男孫悲愴久之今則已矣此間食無肉病無藥居無室出無友冬無炭夏無寒泉然亦未易悉數大率皆無爾惟有一幸無甚瘴也近與兒子結茅屋數椽居之僅庇風雨然勞費已不貲矣賴十數學生助工作躬泥水之役愧之不可言也尚有此身付與造物者聽其運轉流行坎止無不可者故人知之免憂𤍠萬萬自愛

又

近得子野書甚安陸道士竟以疾不起葬於河源矣

前會豈非一夢耶僕既病倦不出然亦無與往還者
闔門面壁而已新居在軍城南極湫隘粗有竹樹烟
雨濛晦眞蜑塢獠洞也惠酒絕佳舊在惠州以梅醞
為冠此又遠過之牢落中得一醉之適非小補也

又

新詩過蒙寵示格律深妙非淺學所能彷彿歎誦不
已老拙無以荅厚意但蔵之永以為好耳

與鄭嘉會二首

船人回奉狀必達比日起居佳勝貴眷令子各安某
與過亦幸如昨初賃官屋數間居之既不佳又不欲

與官貟相交涉近買地起屋五間一龜頭在南汙池之側茂林之下亦蕭然可以杜門面壁少休也但勞費貧窘耳此中枯寂殆非人世然居之甚安況諸史滿前甚可與語者也著書則未日與小兒編排齊整之以湏異日歸之左右也小客王介石者有士君子之趣起屋一行介石躬其勞辱甚於家隷然無絲髮之求也顧某念之有可以照庇之者幸不惜也死罪死罪柯仲常舊有契因見道區區

又

邁後来相見否久不得其書聞過房下卧疾正月尚

未得耗亦憂之公為取一書求瓊州海船或來人之便封題與瓊倅黃宣義若轉達甚幸也見說瓊州不論時節有人船便也衆妙堂記一本寄上本不欲作適有此夢夢中語皆有妙理皆實云爾僕不更一字也不欲隱沒之又皆叢生事無可臨醵者故出之

與僧隆賢二首

甚慰疏言不意寶月大師宗古老兄捐衆示化切惟孝誠深至攀慕涕泗久而不忘仍承已畢大事忽復更歲彌物感慟奈何奈何其諸居遊寢無由往奠追想宗契之深悲愴不已惟冕仲節哀自重以副遠誠

謹奉疏慰不次謹疏正月日趙郡蘇某慰疏上

又

舟榮二大士遠来極感至意舟又冒涉嶺海尤為愧荷也寶月塔銘本以罪廢流落恐玷高風不敢輙作而舟師哀請誠切故勉為之也海隅漂泊無復歸望追懷疇昔永望悽斷

與楊濟甫二首

寶月師孫来得所惠書喜知尊體佳勝眷聚各清安至慰至慰某凡百粗遣北歸未有期信命且過不煩念及惟聞墳墓安靖非濟甫風義之篤何以得此感

苟不可言舟師云當一到眉此中諸事可問其詳也

遠祝惟若時珍重而已

又

遠蒙厚惠蜀紙藥物等一一如數領訖感怍之至人

行速無佳物充信謾寄腰帶一條俗物增愧不罪不

罪

與元老姪孫四首

元老姪孫秀才屢得書感慰十九郎墓表本是老人

欲作今豈推辭向者猶作寶月誌文況此文義當作

但以日近憂畏愈深飲食語默百慮而後動想喻此

意也若不死終當作耳近来鬚鬢雪白加瘦但健及
啖啜如故耳相見無期惟當勉力進道起門户為親
縈老人僵仆海外亦不恨也

又

姪孫元老秀才久不聞問不識即日體中佳否蜀中
骨肉想不住得安信老人住海外如昨但近来多病
瘦悴不復往日不知餘年復得相見否循惠不得書
久矣旅况牢落不言可知又海南連歲不熟飲食百
物艱難及泉廣海舶絶不至藥物醬酢等皆無厄窮
至此委命而已老人與過子相對如兩苦行僧耳然

胸中亦超然自得不改其度知之免憂所要志文但數年不死便作不食言也姪孫既是東坡骨肉人所覻看住京凡百倍加周防切祝切祝今有書與許下諸子又恐陳浩秀才不過許只令送與姪孫切速為求便寄達餘惟千萬自重

又

姪孫近来為學何如恐不免趨時然亦須多讀書史務令文字華實相副期於適用乃佳勿令得一第後所學便為弃物也海外亦粗有書籍六郎亦不廢學雖不觧對義然作文極俊壯有家法二郎五郎見説

亦長進曾見他文字否姪孫宜熟看前後漢史及韓
柳文有便寄近文一兩首来慰海外老人意也

又

趙先輩儋人此中凡百可問而知也鄉里出百藥煎
如收得可寄一二斤趙還時可附也無即已

與范元長八首

某慰疏言不意凶變先公内翰遽捐館舍聞訃慟絶
天之喪予一至於是生意盡矣伏惟至孝承務元長
昆仲孝誠深至追慕罔極何辜于天罹此禍酷荼毒
如昨奄易寒暑哀毀日深奈何奈何某謫籍所拘莫

由往弔永望長號此懐難諭謹奉手疏上慰不次謹疏

又

流離僵仆九死之餘又聞溥夫先公傾逝痛毒之深不可云諭久欲奉疏不遇便人又舉動艱礙憂畏日深今兹書問亦未必達且畧致區區耳

又

先公已矣惟望昆仲自立不墜門户千萬留意其遠者大者勿徇一至之哀致無益之毁與先公相照誰復如某某者此非苟相勸勉而已切深體此意餘不敢盡言

又

先公論往古事著述多矣想一一寶蔵此豈復待鄙言耶某當遣人致奠海外窮苦不能如意不敢作奠文想蒙哀恕也歸葬知未得請苦痛之極惟千萬寛中順受此中百事遠不及雷化百憂所集然亦強自遣也

又

聖善郡君不及拜慰狀侍次乞致區區沉香少許望於内翰靈几焚之表末友一慟之意而已

又

孫行者至辱書承孝履如宜闔宅皆安慼慰之極所
諭傳初不待君言心許吾亡友久矣平生不作負心
事未死要不食言然令則不可九死之餘憂畏百為
想蒙矜察不即副来意臨紙哀噎海外粗聞新政有
識感涕靈几儻遂北轅乎未閒千萬節哀自重

又

聖善郡君承起居佳適因侍次致下悃乞為骨肉保
愛寬懷以待北歸也子進諸舅曾得安信否

又

毒暑遠惟孝履如宜海外相聞近事南来諸人恐有

北轅之漸而吾友翰林公獨隔幽顯言之痛裂忘生
矧昆仲純篤之性感慟摧割如何可言奈何奈何老
朽一言非苟以相寬者先公清德絕識高文博學非
獨今世所無古人亦罕有能兼者豈世間混混生死
流轉之人比其超然世表如千佛之所云必矣況其
平生自有表見於無窮者豈必區區較量頃刻之壽
否耶此意卓然唯昆弟深自愛得歸亦勿亟遽俟秋
稍涼而行爲佳某深欲一見左右赴合浦不惜數舍
之迂但再三思慮不敢爾必深察臨行必預有書相
報熱甚萬萬節哀自重

與秦少游

某已封書訖乃得移廉之命故復作此紙治裝十日可辦但須得泉人許九船即牢穩可恃餘蜑舟多不堪而許見在外邑未還須至少留待之約此二十五六間可登舟並海岸行一日至石排相風色過渡一日至遞角場但相風難刻日爾已有書託吳君雇二十壯夫来遞角場相等但請雇下未要發来至渡海前一兩日當別遣人去報若得及見少游即大幸也今有一書與唐君內有兒子書託渠轉附去料舍弟已行矣餘非面莫究

與楊子微二首

某與尊公儕甫半生闊别彼此鬢鬢雪白而相見無期言之悽斷尊公乃令閤下萬里遠来海外訪其生死此乃古人難事聞之感歎不已辱書具審起居佳安尊公已下各得安勝至慰之極軾七月中必達頳昌矣回馭少留一須欵見餘祝若時自重

又

某與舍弟流落天涯墳墓免於樵牧者尊公之賜也承示喻感愧不可言聞井水甞竭而復溢信否見今如何因見細喻

與范元長六首 北歸

到雷獲所留書承車從盤桓此邦以須一見而某滯留不時至遂爾遠別且不獲一慟几筵之前者非愛數舍之勞也以厄困爲畏故爾此老繆之罪想矜察比日孝履如宜否方此炎毒萬萬扶護哀苦勞艱如何可言忝親友之末不能匍匐赴救已矣不復云也獨前所見委文字不敢不留意今託少游議其詳餘惟節哀自重某不敢拜狀郡君惟千萬俯爲存沒寬心自重乞呈此紙

又

某如聞有移黄之命若果爾當自横而廣須惠州骨肉到同往計公昆仲扶護舟行當過黄又恐公自湖南路行不由江即不過黄不知某能及公前到黄廣乎漂零江海身非己有未知歸宿之地其敢必會見之日耶惟昆仲金石迺心困而不折庶幾先公之風沒而不忘也臨紙哽塞言不盡意

又

過雷州奉書必達到容南知昆仲皆苦瘴痢又聞尋已痊損不知即日如何扶護哀苦又須勉强開解早心憂懸書不能盡奉囑之意唯深察此心哀哉少游

痛哉少游遂丧此傑耶賴昆仲之力不至狼狽某日夜前去十六七間可到梧若少留一見尤幸某到梧當留以待惠州人至同泝賀江也速遣此人達書

又

永州人来辱書承孝履粗遣甚慰思望比謂梧州追及又将相從泝賀已而水乾無舟遂有番禺之行遂與公隔絶不得一拜先公及少游之靈為大恨也同貶先逝者十人聖政日新天下歸仁惟逝者不可返如先公及少游眞為冀北之空也徒存僕輩何用言之痛隕何及某即度庚庚嶺欲徑歸許昌與舍弟處必

遂一見昆仲未間惟萬萬強食自重

又

某忽有玉局之除可為歸田之漸矣痛哲人之亡誦殄瘁之章如何可言早收拾事迹編次著譔相見日以授也屬素因會多方勉之以不墜門户為急監司無與相知者及毛君亦不識未敢發書前路問人有可宛轉為言者專在意也漂流江湖未能赴救以為慙負有銀五兩與少游齋僧乞轉與屬素也

又

承中間郡君服藥疾勢不輕且喜安復侍次致懇千

萬寛中保衛為請

與孫叔靜三首

辱手教具審尊體佳勝甚慰馳仰拙疾亦漸平矣明日當出詣見燒羊蒙珎惠下逮童孺矣

又

累歲闊別不意相逢海上握手一笑豈偶然哉亟辱專使教筆具審起居佳勝感慰無集玉局之除已有訓詞似不忘也得免湖外之行餘生厚幸至英當求人至永請告勑遂度嶺過贑歸陽羨或歸潁昌老兄弟相守過此生矣乍遠萬萬為國自重

又

久留治下辱眷待之厚既過重矣而愛念之意拳拳不已更勤從者遠至金刹自惟衰朽何以獲此比来數日思渴不已長至俯邇不克展慶此心南鶩矣令子煩遠餞不及别狀惟侍外珎愛

與朱行中舍人六首

違闊滋久向往徒勤比日履兹寒凝起居佳勝承旌馭至已即欲走謁謹奉手啓上問區區

又

某謫居歲久未嘗冠幘比日又苦小瘍不能巾裹欲

服帽請見先令咨禀如許乃敢前詣幸不深責

又

真陽一見大慰夙昔忽遽就别悵惘可知行役紛紛且未有便尚稽馳問專使辱書且審下車以来台候康健感慰兼集某蒙被如昨更五六日離韶愈遠左右伏冀為國自重

又

前蒙借示新詩久矣不見斯作也然世俗識真者少獨唱誰和帳句謝民師公若不以位貌為間亦庶幾於斑斤郢斲也老拙百念灰寀獨一觴一詠亦未能

忘陋句數首録寄以爲一笑手啓上謝侍知照不深責也

又

某再拜般家人蒙輟借行計遂辦非眷念特達何以及此言謝不盡悚息而已

又

近因還使上問必已聞達連雨凝陰遠想台候康勝某蒙庇粗遣已達虔州少留須水度更半月行也南海静治有足樂者想聞妙唱自南而北也後會未期萬萬若時爲國自重

與歐陽晦夫

愁霖終日坐企談晤不審尊候佳否地獄變相已跋其後可詳味之似有補於世者并字數紙納去某所苦已平無憂聞少游惡耗兩日為之食不下然來卒說得滅裂未足全信非久唐簿必有書來言旦夕話別次仁人之餽固當捧領但以離海南修人爭致贍遺受之則若饕餮然所以一路俱不受若至此獨拜寵賜則見罪者必衆謹令馳納千萬恕察仍寢來耗幸甚幸甚

荅陳承務二首

傾盖一笑慰喜殊深奉遠信宿懷想不已亟辱手教

且喜起居佳勝已到蒙里承丈丈借差人轎孤旅獲

濟感幸不可言愈遠萬萬若時自重

又

孤拙困踣言無足采足下獨悦之少年敏鋭所存如

此實增欽歎然此事以臨利害不變為難也

荅南華明老三首

衰病復還南華深欲一别祖師因見仁者遽辱専使

手書何慰如之即日履此薄寒法履佳勝旦夕離英

但江路方欲寸進不即會見企望之極惟萬萬為衆

自重

又

流浪臭濁久矣道眼多可傾蓋如舊清游累日一洗無餘幸甚幸甚專使惠手書具聞別後法體安穩爲慰久留贛上待水猶更旬日南望山門馳神杳靄更祈若時爲衆保練

又

某以促裝登舟冗甚作書極草草寵示四韻可謂奇特聊荅四句想一大笑也石刻已領感感潘生果作墨否如成寄一丸伯固念親懷歸甚矣道話解之

答錢濟明三首

去歲海南得所寄異士大彤清中丹一丸即時服之下田休休焉盖數日後又得追所賫来手書今又領教誨及清詩數篇高妙絶俗想見謫居以来探道著書雲廾川增可慕可畏可歎可賀也及録示訓詞誨以所不及此曾子所謂愛人以徳者敬遵用不敢忘幸甚幸甚

又

已到虔州二月十間方離此此行決往常州居住不知郡中有屋可得以典買者否如無可居即欲往舒

州眞州皆可如聞常州東門外有裴氏宅出賣虔守霍子侔大夫言告公令一幹事人與問當若果可居爲問其有幾何度力所及即徑往議之俟至金陵當別遣人咨禀也若遂此事與公杖屨往還樂此餘年踐哀詞中始願也張嘉父今安在想日益不止塗中見秦少游奄忽爲天下惜此人物哀痛至今聞魯直無咎輩皆起而公獨爲猘子所齧尚棲遲田間聖主天縱幽蔀畢照公豈久廢者惟萬萬寬中自厚

又

某忽又聞公有閨門之戚悲惋不已賢淑令人久同

憂患乍失内助哀毒何堪然人生此苦十人而九結髮偕老殆無而僅有也惟深照痛遣勿留胸次令子哀疚難堪惟當勉為親庭節減摧慕本欲作慰疏適旅中有少紛擾燈下倦怠不能及也千萬恕察某若住常即自與公相聚若常不可居亦須到潤與程德孺相見公若枉駕一至金山又幸也

答蘇伯固三首 北歸

人至辱書承别後起居佳勝感慰深矣念親懷舊之心何時可以易此顧未有以為計當且少安之神明知公心如此當自有感應非久見師是當謀之某留

虔州已四十日雖得舟猶在贛外更五七日乃乘小舫往即之勞費百端又到此長少卧病幸而皆愈僕卒死者六人可駭佳處非舒則常老病唯退為上策子由聞已歸至潁昌矣會合何日萬萬保嗇

又

某凡百如昨但撫視易書論語三書即覺此生不虛過如來書所諭其他何足道三復誨語欽誦不已寄惠鍾乳及檀香大濟要用乳已足剩不煩更寄也感愧之至江晦叔已到霍子侔往太和聽命三兒子皆促裝登舟未暇上狀春暉亭記亦以忙未暇作少間

當爲作也令子疾知減退可喜可喜

又

佳計龍舒爲多大瓫如命取去爲暑中浮瓜沉李之一快也論語説得暇當録呈源脩二老行當見之幷道所諭也到虔州日往諸刹遊覽始見中原氣象泰然不肉而肥矣何時得與公久聚盡發所藴相分付耶龍舒閙有一官庄可買已託人問之若遂則一生足食杜門矣燈下倦書不盡所懷

與錢志仲三首

兩日不見渴仰無懷切惟起居佳勝昨日水東尋幽

訪古頗有所得恐欲知之藥方已領感感

又

流落晚塗始獲瞻奉顧遇之重有過平生幸甚幸甚
別来伏惟起居佳勝漲水遂失贑險不覺到吉皆德
庇所及其餘未易一一道謝也日遠後會未期豈免
悵戀

又

某去此不復滯留至安居處當縷細馳問不敢外輙
用手啓恃深眷也烏絲當用寫道書一篇非久納上
惡詩不足録也事簡客稀高堂清風有足樂者想時

復見念耶吉州幕柳致與之久故知其吏幹過人不能和衆多獲嫌忌然其實無他也憔悴將老矣念非大度盛德孰能收而用之試以衆難必有可觀者藥有毒乃能已疾馬不蹄齧多拙於行惟深念才難勿責全也若公遂成就之此子極有可採必為門下用侍明照僭言死罪死罪

與劉器之

志仲本以烏絲欄求某録雜詩耳某自出意欲與寫廣成子解篇舟中熱倦遂忘之然此意終仕也今豈可食言哉病不能作志仲書乞封此紙去

與寇君

経宿雨凉起居佳勝昨辱迂顧稍聞餘論退想忠愍之英烈有槩乎中衰病不出無緣上謁少選解去惟萬萬自重

與人二首

逺枉書教存問甚厚兼審比来起居佳勝慰感無集寄示石刻仰佩至意何時會合少發所懷臨書但有慨歎

又

某日望歸蜀耳終當過岐雍閒倘徉少留以償宿昔

之意君自名臣子才美漸著豈復久浮沉里中宜及今為樂異時一為世故所縻求此閑適豈可復得耶偶記舊與彭年一詩讀之蓋淚下也斯人有才而病廢故常多感慨可念可念聊復録此奉呈想亦為之惘然也

與宋漢傑二首

某初仕即佐先公蒙顧遇之厚何時可忘流落闊遠不聞昆仲息耗每以惋歎辱書累幅話及疇昔良復慨然三十餘年矣如隔晨耳而前人彫喪略盡僕亦僅能生還人世一大夢俛仰百變無足怪者唐輔令

兄今復何在未及奉書因信略道區區某只俟水来即行矣餘留面盡

又

前日裁謝草略重煩問訊眷意愈厚感愧不已仍審起居佳勝寵賜新詩詞格甚美伏讀慰喜但恨衰晚無以當此嘉貺也

與胡郎仁脩三首

某慰疏言不意變故奄罹艱疚伏惟孝誠深篤追慕痛裂荼毒難堪柰何柰何比日攀號愈遠摧毁何及伏惟順變從禮以全純孝某未獲躬詣靈幃臨書哽

噎謹奉慰疏不次

又

某得彭城書知太夫人捐館聞問哀痛不已行役無便未果奉疏人至忽辱手書伏審攀慕之餘孝履粗遣至慰至慰某本欲居常得舍弟書促歸許下甚力今已決計泝汴至陳留陸行歸許矣旦夕到儀真暫留令邁一到常可以欵見矣

又

小二娘知持服不易且得無恙伯翁一行甚安健得翁翁二月書及三月内許州相識書皆言一宅康安

亦得九郎書書字極長進今已到太平州相次須一到潤州金山寺但無由至常州看小二娘有所幹所闕一一早道来萬萬自愛

與外生柳閎

展如外生人来得書知奉太夫人康寧新婦外孫各無恙北歸萬里無足言者獨不見我令妹賢妹夫此心如割介夫何負亦早世念之痛不去心數年豈賢雋厄會耶相見當一慟以寫之玆不一一

與人二首

嶺海闊絶不謂生還後得瞻奉慰幸之極比日履此

秋涼起居佳福少選到岸即遂伏謁

又

某疲病加之使令輙用手啓通問侍公雅度闊略細謹耳然亦皇恐不可言也

荅虔人王正彥先生

辱教承起居佳勝休饋遺重增感灼茗布領抹皆珎物已捧領訖今日與家人輩遊東禪及景德如相訪就彼亦可

與程德孺運使三首

近蒙專使至虔遠致時服寢衣之餽尋附啓布謝必

達比日起居佳勝眷愛各康健某候水過贛令方達南康軍約程四月末間到眞州當遣兒子邁往宜興取行李某當泊船瓜洲以待之不知德孺可因巡按至常潤相約同遊金山否患難之餘老兄弟復一相聚曠世奇事也可不略喻及餘萬萬自重

又

某此行本欲居淮浙間近得子由書苦勸来潁昌相聚不忍違之已決從此計泝汴至陳留出陸也今有一狀干漕司一坐船乞早為差下令且在常州岸下候邁到彼乘来切望留意早早得之免滯留為幸懿

外必常得信令子新先輩必已赴任未及書因家信道區區

又

告為買杭州程奕筆百枚及越州紙二千幅常使及展手者各半不罪不罪正輔知已到京非久上狀次乞因信致懇

答清涼長老

昨辱佳頌見貺足為衰朽之光未緣面謝

答錢濟明三首

人来領手教及二詩乃信北歸灾退併獲此佳寵幸

甚幸甚又知詩人窮而後工然詩語朗練無衰氣如
季札者聽亦有以知君之晚節也比日起居佳勝某
此去不住滯然風水難必期公閑居難以遠涉須其
到眞遣人奉約與德孺同来金山迺幸也所懷未易
盡言併俟面陳唯萬萬自重

入

某得来書乃知廖明略復官參寥落髮張嘉父春秋
愽士皆一時慶幸獨吾濟明尚未何也想必在旦夕
因見參寥復服恨定慧欽老早化然彼視世夢幻安
以復為兒子追道其化於壽州時甚奇特想必聞其

詳乃知小人能害其衣服爾至於其不可壞者乃當
緣厄而愈勝爾舊有詩八首寄之已寫付卓契順臨
發乃取而燔之蓋亦知其必厄於此等也今録呈濟
明可為寫放舊居掛皈徐君之墓也欽詩乃極佳尋
本末獲有法嗣否當為載之其語録中契順又不知
安在矣吾濟明刻舟求劍皆可笑也

又

居常之計本久定矣為子由書来苦勸歸許以此留
中殊未定待面議決之所示孫君宅子甚感其厚意
且為多謝上元令姪行見之矣王范二君處皆當力

言也劉道人若能同濟明来會深所望未敢奉書且爲致此意

荅廖明略二首

遠去左右俯仰十年相與更此百罹非復人事置之勿汚筆墨可也所幸平安復見天日彼數子者何辜獨先朝露吾儕皆可慶㑹復戚戚扵既往哉公議皎然榮辱竟安在其餘夢幻去来何啻蚊虻之過目前也矧公才學過人遠甚雖欲忘世而世不我忘晚節功名直恐不免爾老朽欲屛歸田里猶或得見蜂蟻之微尋以變滅終不足道區區仰念有以廣公之意

者切欲啓事上荅冗迫不能就惟深亮之

又

衰陋之甚惟有歸田杜門面壁更無餘事示諭極過當讀之悚汗毗陵異政謠頌藹然至今不忘爲民除穢以至蠆尾吴越户知之此非特兒子能言也聖主明如日月行遂展慶衆論如此目昏不能多書悚怍不已

荅孔毅夫二首

久不通問計識其無它北歸所過皆公之舊迹或見清詩以增感歎忽辱手書及子由家訊窮途一笑豈

易得扎比日起居佳安眷聚各康寍仙舟想非久到
闕某當老江淮間矣會合未期萬萬自重

入

中間常父傾逝不能一奉慰疏但荒儆一慨而已慚
負至今承諭子由不甚覺老聞公亦蔚然如昔不肖
雖皤然亦無苦恙劉器之乃是鐵人但逝者數子百
身莫贖柰何江上微雨飲酒薄醉書不能謹

答蘇伯固

辱書勞問愈厚實增感槩無審尊體佳勝今日到金
山寺下雖極艱澀然尚可寸進則且乘大舟以便幼

累必不可前則固不可辭小艇也餘生未知所歸宿且一切信任乘流得坎行止非我也離英州日已得玉局敕感恩之外實荷餘庇得来示又知少游乃至如此某全軀得還非天幸而何但益痛少游無窮已也同貶死去大半最可惜者范純父及少游當為天下惜之柰何柰何子由想已在巴陵得宮觀指揮計便沿流還潁昌某行無緣追及昨在途中風聞公下痢想安復矣

荅王幼安三首

索居八年未嘗一通問每以慚負屢得許下兒姪書

云比来親族或斷往来唯幼安昆仲待遇加厚聞之
感激人来辱書累幅陳義慨然如接古人語信王謝
風氣傳之有自也老病強荅不復成語不罪不罪

又

某初欲就食宜興今得子由書苦勸歸潁昌已決意
從之矣舟已至廬山下不久當獲造謁未間冀若時
保嗇

又

蒙示諭過重雖愛念如此然憂患之餘未忘憂畏朋
友當思有以保全之者過實之譽願爲掩諱之也許

暫假大第幸甚幸甚非所敢望也得託庇偏廡謹不敢薫汚稍定居當求數畝荒隙結茅而老焉若未即塡溝壑及見伯仲功成而歸爲鄉里房舍客伏臘相勞問何樂如之餘非面莫究

答胡道師

再過廬阜俯仰十九年陵谷草木皆失故態棲賢開先之勝殆亡其半幻景虛妄理固當爾獨山中道友契好如昔道在世外良非虛語道師又不遠數百里負笈相從秉燭相對恍若夢寐秋聲宿雲了然在吾目中矣幸甚幸甚乍別遠枉專使手書且審已還舊

隱起居勝常明日觧舟愈遠萬萬以時自重

與李公擇

逆風數日為左右滯留而孤旅蒙幸多矣但以久別得一見風度亦不復以別去為戚也比日伏惟起居佳勝小舟汎汎風浪聲中此懷又費照遣矣古鐵納上餘萬萬善愛

與黄師是三首

北歸江淮間蒙四遣人墜教且致家信非眷念特深何以及此比日履茲畏暑起居清勝少御之除未滿公論但朝廷正欲君子在内耳行別展慶未間萬萬

若時自重

又

子厚得雷聞之驚歎彌日海康地雖遠無瘴癘舍弟居之一年甚安穩望以此開譬太夫人也

又

人来兩捧教賜具審起居康勝仲子之戚惟當日遠日忘想痛割腸何所及中年以後出涕能令目闇此最可惜用鄙言慎勿出一滴也兒子之愛雖深比之自愛其目豈不有間幸深念之餘惟萬萬爲國自重

與子由二首

子由弟得黄師是遣人賫来四月二十二日書喜知
近日安勝兄在真州與一家亦健行計南北居幾變
矣遭值如此可歎可笑兄已決計從弟之言向居潁
昌行有日矣適值程德孺過金山往會之并一二親
故皆在坐頗聞北方事有決不可往潁昌近地居者
事皆可信人所報大抵相忘安排攻擊者北行漸近決不靜爾
得一孫家宅極佳浙人相喜決不失所也更留真十
數日便渡江往常逾年行役且此休息恨不得老境
兄弟相聚此天也吾其如天何亦不知天果於兄弟
終不相聚乎士君子作事但只於省力處行此行不

遂相聚非本意甚省力避害也候到定疊一兩月方
遣邁去注官追去般家過則不離左右也葬地弟請
一面果決八郎婦可用吾無不用也更破十緡買地
何如留作葬事千萬莫徇俗也林子中病傷寒十餘
日便卒所獲幾何遺恨無窮哀哉兄萬有一稍起之
命便具所苦疾狀力辭之與追過閉户治田養性而
已千萬勿相念今託師是致此書

又

程德孺言弟令出銀二百星見借兄度手下尚未須
如此已辭之矣德孺兄弟意極佳感他感他數日熱

甚舟中揮汗寫此不及作諸姪書且伸意夫人晚年

且更慎護勿令小有疾副子孫意五郎婦更與照管

慰安之便令五郎般挈也八郎續親極好但吾儕難

自言可託人與說令師是已除太僕少恐遂北行兄

不能見又恐来省毋蘇州若見當令探其意也少留

眞欲緝房緡令整齊也五娘七娘近皆得書與孫皆

安胡郎亦有書来甚安行見之矣

與馮祖仁三首

昨日奉辭瞻戀殊甚旦来孝履佳否先什輙已題跋

鶴鹿馬三軸迫行不暇題謹同納上祖仁方在疚更

不煩遠出昨所云金山之行可罷也乍遠保重

又

辱回教及蒙以巖硯法醑嘉蔬珎果等爲餉已捧領訖顧無以當之適苦嗽昏倦裁謝草草

又

辱㦸教累幅文義粲然禮意兼重非老朽所敢當蔵之巾笥以爲光寵幸甚幸甚比日孝履何如到韶累日疲於人事又苦河魚之疾少留調理乃行益遠愈增瞻繫也歲莫惟更節哀自重

與郭功甫二首

昨辱寵臨久不聞語殊出意表盖所謂得未甞有也經宿起居佳勝閑居致厚餽拜賜懃感只今上謁次一面足矣幸不置酒

又

某今日私忌未敢上謁辱詩和呈為一笑青皮一斤不以餉公則無與甞者矣

荅孔毅父

日至陽長仁者履之百順萃止病廢掩關負暄獨坐醺然自得恨不同此佳味也呵呵誨諭過重乏人修寫乃以手簡為謝悚息

答畢先輩

適辱從者臨貺書教禮意兼重殆非不肖所堪書詞高妙伏讀增歎病不能冠帶遂不果見愧悚無地

與米元章九首

嶺海八年親友曠絕亦未嘗關念獨念吾元章邁往淩雲之氣清雄絕世之文超妙入神之字何時見之以洗我積歲瘴毒耶今眞見之矣餘無足云者

又

兩日来疾有增無減雖遷閘外風氣稍清但虛乏不能食口殆不能言也兒子於何處得寶月觀賦琅然

誦之老夫卧聽之未半蹶然而起恨二十年相從知元章不盡若此賦當過古人不論今世也天下豈常如我輩聵聵耶公不久當自有大名不勞我輩説也若欲與公談則實未能想當更後數日耶

又

某昨日歸卧遂夜海外久無此熱殆不能堪柳子厚所謂意象非中國人也宗相遂棄世當為天下惜也餘非面莫究

又

某兩日病不能動口亦不欲言但困卧耳承示太皇

草聖及謝帖皆不敢於病中草草題跋謹具馳納俟
小愈也河水汚濁下流薰蒸益病今日當遷往通濟
亭泊雖不當遠去左右且就快風活水一洗病滯稍
健當奉談咲也

又

昨日詩發一笑耳慎勿刻石太師雄篇已領夾軸且
留下

又

數日不聞来音謂不我顧復渡江矣辱教即承起居
佳勝感慰倍常匆匆布謝

又

某昨日啖冷過度夜暴下旦復疲甚食黄耆粥甚美卧閲四印奇古失病所在明日會食乞且罷需稍健或雨過脩然時也印却納

又

某食則脹不食則羸甚昨夜通旦不交睫端坐飽蚊子耳不知今夕云何度示及古文幸甚謝帖未敢輕跋欲書數句了無意思正坐老謬耳眠食皆未佳無緣遂東當續拜簡

又

某一病幾不相見今日始覺有絲毫之減然未能作書也

與錢濟明三首

一夜發熱不可言齒間出血如蚯蚓者無數迨曉乃止憊甚細察疾狀專是熱毒根源不淺當專用清涼藥已令用人參麥門冬茯苓三味煑濃汁渴即少啜之餘藥皆罷也莊生聞在宥天下未聞治天下也如此而不愈則天也非吾過矣楊評事與一來亦佳到此諸親知所餉一無留者獨拜蒸作之餉切望只此而已

又

家有黄筌畫龍扳起雨山間陰威凛然舊作郡時以祈雨有應今夕具香燈試禱之濟明雖家居必不廢閔雨意可来爇一炷香否

又

蒙示諭昨日所得過矣思無邪吾子自有老拙何為者神藥希代之寶理貫幽明未敢輕議少留諦觀俟從者見臨乃面論也妙啜見分幸甚所問已得其端通緩頗否不倦日烈見顧為望

與徑山長老惟琳二首

臥病五十日日以增劇已頹然待盡矣兩日始微有生意亦未可必也適睡覺忽見刺字驚歎久之暑毒如此豈耆年者出山旅次時耶不審比来眠食何如某扶行不過數步亦不能久坐老師能相對臥談少頃即告晚涼更一訪

又

嶺南萬里不能死而歸宿田野遂有不起之憂豈非命也夫然生死亦細故耳無足道者惟為佛為法為衆生自重

東坡續集卷第七